베스트 空手道全書

발새 · 관공 6

中山正敏 著 / 明 在 玉 監修
姜 泰 鼎 譯

서림문화사

베스트 공수도전서

나카야마 마사도시 지음

차 례

나카야마(中山) 공수의 진수 7
책 머리에 9
공수도란? 11
공수도에 있어서의 형(形) 13

제1장 **발새(拔塞)** ———————————— 19
제2장 **관공(觀空)** ———————————— 71

나카야마(中山) 공수의 진수

오늘날의 공수(空手)는 전세계에 보급되어 많은 동호인들이 수련에 정진하고 있다. 그것은 공수가 무도(武道)로서 뿐만 아니라, 과학적으로 뒷받침된 근대 공수도로서 확립했기 때문이라 할 수 있을 것이다. 나의 사부 나카야마(中山正敏) 선생은 그 근대 공수의 제일인자였다.

선생은 누구나 익힐 수 있는 체육적인 공수, 호신술로서의 공수, 경기(競技)로서의 공수 등 수련하는 사람의 층에 따라 여유 있게 지도할 수 있도록 힘써 왔으며, 우리들은 그런 교육을 받았다. 연습법만 해도 합리적인 방법을 추구해 왔다. 또한 어떤 수련에도 생리학적·운동역학적인 합리성이 중요하다고 해서 공수를 과학적으로 분석한 것이다. 그것이 공수인구를 증가시키는 데 있어서 큰 도움이 되었다고 여겨진다.

공수시합의 룰을 완성한 것도 큰 공적이다. 대련의 시합에 관해서는 포인트 위주의 승부를 마다하고, 일권필살(一拳必殺)이야말로 공수의 진수임을 강조했다. 즉 단보승부의 룰을 만들었다. 그것이 현재의 시합제도가 되고 있는 것이다. 또 체조경기나 뛰어들기경기 등의 채점법도 깊이 연구하고, 거기에서 힌트를 얻어 힘의 강약(强弱), 몸의 완급, 몸의 신축을 기본으로 삼은 형(形)의 시합을 이뤄 놓은 것이다.

선생은 30년 전부터 우수한 지도자를 양성하여 외국에 파견하는 일에도 열심이었다. 처음에는 사막에 물을 뿌리는 것 같은 형편이었지만, 그것이 오늘에 꽃을 피우고 있다. 선생이 배출시킨 지도자들의 노고에 의한 것이다. 선생 자신이 1년에 3개월 내지 반년은 외국에 가서 공수의 보급에 힘써 왔다. 선생은 특히 외국에 가기만 하면 생기가 돌았다. 그것은 참으로 이상할 정도였다. 병이 나서 선생의 몸을 걱정해 "적당히 하세요"하고 만류하면 "나의 즐거움을 빼앗을 셈인가"고 도리어 책망하기 일쑤였다. 결국 그 같은 노력의 결집이 곧 공수하면 'NAKAYAMA KARATE'라고 할 만큼 불멸의 지위를 쌓아 올린 것이다. 따라서 선생의 저서는 세계 공수가들의 '바이블'로서 절대적 평가를 얻고 있다 해도 과언이 아니다.

공수가 세계에 보급되고서는 공수의 아카데미적인 조직 구성을 착수하기 시작했다. 나라의 안팎을 막론하고, 어떤 조직이건 대립하는 것이 아니다. 기술을 중심으로 제휴해 가자, 기술의 교류를 통해 공수도를 높여 가자는 것이 선생의 이상이었다. 한데, 그것을 완수하기 전에 돌연 세상을 뜨셨다. 나는 다쿠쇼쿠(拓植) 대학 때부터 선생에게서 직접 지도를 받았던 못난 제자이기는 하지만, 선생의 가르침을 계승해야 한다는 생각을 하고 있다.

선생이 가장 중요시했던 것은 이른바 '끝내기'와 '기본'이었다. 끝내기라는 것은 자기가 갖고 있는 힘과 속도를 어떻게 순간적으로 집중시키느냐는 것이다. 그리고 기본을 확실하게 익혀 놓으면 몇 살이 되어도 할 수 있는 것이라고 하며, 기본을 중요시 여겼다. 공수는 재능이나 젊음에 의해 어느 한 시기만 강하다고 하는 것이 아니라 평생을 두고 할 수 있는 것이다. 그래서, 선생은 '끝내기'를 어떻게 완성하는가 하는 것과 '평생공수(平生空手)'라는 것을 큰 목표로 삼고 있었다.

그런 '나카야마 공수'를 전하는 의미에서 이번에 선생의 「베스트 공수」시리즈(全11卷)가 출판되는 것은 참으로 기쁘기 그지없는 일이다. 이 「베스트 공수」는 이미 해외용으로서 세계 7개 국어판으로 출판된 것의 일본어판인데, 풍부한 연속 사진에 의해 공수의 실기를 알기 쉽게 해설하고 있다. '나카야마 공수'의 진수를 아는 데 이 이상의 책은 없다고 믿어 의심치 않는다.

社團法人 日本空手協會 專務理事
庄司 寬

책 머리에

공수도(空手道)는 지난 십 수년 사이 전세계에 급속히 보급되고 있으며, 젊은 학생들은 말할 것 없고, 다수의 대학교수·예술가·실업가·공무원 등 각계 각층의 지도층에까지 매우 광범위하게 확대되고 있다. 구미(歐美)의 대학 등에서 정규 체육과목으로 채택하는 데가 증가하고, 군대나 경찰에도 보급되고 있는 것이 현실이다. 그저 단순한 격투기술로만 습득하는 것이 아니라, 높은 이념에 입각한 동양적인 무도로 추구함으로써 정신의 양식을 삼으려는 노력은 여간 기쁜 일이 아니다.

그러나 한편 이것이 공수인가 하고 고개를 갸웃거리게 하는 치고 막기나, 차고 막기의 폭력공수, 또는 머리와 손과 발로 물건을 빠개는 공수 쇼라는 것도 나타나고, 복싱에 차기를 가미한 것만으로, 이것이 공수의 시합으로서 판을 치고 있는 일면은 참으로 어처구니없는 일이다. 또 중국의 권법이나 오키나와(沖繩)의 고무술도 일본적으로 완성된 공수도와 동일시하는 경향이 있는 것도 유감스러운 일이다. 공수도에는 오랜 세월 동안에 완성된 격조 높은 여러 가지의 형(形)이 있고, 그 형 자체에 포함되는 공방의 기본기를 유효하게 활용하기 위한 정신적인 요소가 중요하다.

공수는 몸에 전혀 무기를 지니지 않고 일권일축(一拳一蹴), 순간에 적을 쓰러뜨리는 오키나와의 고무술에서 발전한 것이다. 기술보다도 심술(心術)에 무게를 두고, 평소는 예양(礼讓) 속에 체력을 단련하며, 정의를 위해 전력을 다해 싸우는 것이 진정한 공수도이다. 후나고시(船越) 선생이 가르친 대로, 안으로 부앙천지(俯仰天地)에 부끄럽지 않은 마음을 닦고, 밖으로는 맹수도 습복(慴伏)시키는 위력이 있어야 한다. 마음도 기량면(技兩面)을 겸해야 완전한 공수도라고 할 수 있다.

체육의 호신(護身)으로서 육성되고 발전했던 공수도는 체조 시합적(試合的) 스포츠 공수로서의 새 분야로 개발, 활성화되고 있다. 그러나, 다만 시합에 이기는 것에 급급한 나머지 기본기를 충분히 구사하지

못하거나, 순서에 따른 연습도 하지 않고 함부로 자유대련 또는 대결에만 치우치기 때문에 공수 특유의 날카롭고 시원스러운 강한 위력감의 지르기나 차기 등이 모자라고, 따라서 기본기 자체도 자칫 시합을 위한 요령 본위의 연습이 되기 십상이다. 선수가 되고 싶다, 선수를 빨리 키우고 싶다는 열의는 이해할 만하나, 이는 선수나 지도자 다 같이 크게 반성할 점이라 여겨진다. "바쁘면 돌아가라"는 속담처럼 한걸음씩 착실하게 올바른 기본기의 습득에 힘써야 할 것이다.

시간적으로 얼마간 빨리 자유대련에 익숙해지고 시합요령을 어느 정도 파악했어도, 어떻든 묵묵히 착실하게 연습한 사람을 능가하기는 어렵다. 최근 시합에 이긴다는 것에 집착한 나머지 기본기의 진지한 단련에서 얻어지는 기백과 위력이 똑같이 떨어지고, 또 함부로 용맹스러움을 과시해, 공수도인으로서의 가장 소중한 예절마저도 잃어가고 있는 사람들을 간혹 볼 때마다 한편 서글픈 감정에 빠지곤 한다.

이런 생각에서 나의 45년 간에 걸친 공수도 수행의 경험을 충분히 살리고, 기본기를 분석하고, 체계화하고, 또한 사진을 위주로 복잡한 몸놀림을 쉽게 이해할 수 있을 만한 근대적인 텍스트를 동호인들에게 선물할 것을 생각해 왔다. 그 염원을 이룬 것이「공수도 신교정(空手道新教程)」이다. 그런데 그것을 이번에 많은 동호인들의 요망에 부응하여 공수도의 전반이 보다 구체적으로, 보다 쉽게 익힐 수 있도록 다시 원고를 썼다. 동호인 여러분들의 욕구에 충족될 수 있기를 기대해 마지않는다.

著者　中山正敏

■ 공수도란?

- 승패를 궁극의 목적으로 삼는 무술이 아니라, 유형무형의 시련을 이겨내고 연마한 땀 속에서 인격완성을 꾀하려는 것이다.
- 도수공권(徒手空拳), 손과 다리를 조직적으로 단련하여 마치 무기와 같은 위력을 발휘시켜, 그 일돌일축(一突一蹴), 능히 불시의 적을 제압하는 호신술이다.
- 사지오체(四肢五体)를 전후·좌우·상하로 균등하게 움직이고, 또한 굽혀펴기·도약·평형 등의 모든 동작을 숙달하는 신체활동이다.
- 의지력에 의해 잘 제어된 기술을 사용하고, 정확하게 목표를 포착하여 순식간에 최대의 충격력을 폭발시켜서 기술을 서로 겨루는 격투기이다.(목표를 인체 급소의 바로 앞에 가정한다.)

■ 공수도 기술의 본질

공수도 기술의 본질은 기술을 끝내기하는 것이다. 적절한 기술을 목표로 삼는 부위로, 최단시간에 최대한의 충격력으로 폭발시키는 것이며, 이것을 끝내기라고 한다. 옛날에는 무시무시한 표현으로 일권필살(一拳必殺)이라는 말로 쓰였다. 진지하게 볏짚 묶음을 상대로, 단련에 이은 단련의 매일이었다. 끝내기는 지르기·치기·차기는 말할 것 없고, 막기에도 빼놓을 수 없는 요소이다. 끝내기가 없는 기술은 아무리 움직임이 공수와 비슷해도 절대로 공수라고는 할 수 없다. 공수의 시합에서도 예외가 아니다.

바로 앞 그치기(寸前中止)라는 말이 있다. 목표 바로 앞에서 기술을 그친다는 뜻이다. 겨루기의 시합에서는 대전(対戦) 상대에게 맞히는 것은 위험 방지를 위해 반칙으로 삼고 있다. 하지만 여기에 문제가 있다. 그친다는 것과 끝내기한다는 것은 매우 달라서, 하늘과 땅만큼의 차이가 있다. 목표 직전에서 단지 기술의 움직임을 그치면 되는 것이라면 공수의 본질에서 벗어난다. 목표 바로 앞에서 그친다는 생각이 아니라, 목표를 육체의 급소 바로 앞에 설정하고, 거기에 컨트롤 좋게 최대의 충격력을 폭발시켜서 포인트를 얻어 승패를 겨루는 것이다.

그러기 위해서는 평소의 진지한 수련과 단련이 중요해, 신체의 전부를 무기화하고, 각각의 무기를 뜻대로 움직일 수 있게 하는 자기제어가 필요하며, 남에게 이기기 전에 자기를 이기는 것이 중요하다.

공수도에 있어서의 형(形)

어느 형이나 모두 받는 쪽에서 시작하고 있다. 이것은 "공수에는 선수(先手)가 없다"는 정신을 단적으로 표현하는 것이다. 이 훈계는 공수도를 한마디로 다 말했다고 단언할 수 있다. 예부터 공수는 군자의 무술로 일컬어, 적의 공격을 받고서야 비로소 만부득이하게 맹훈련한 손과 다리를 갖고 대응하는 것으로, 늘 겸손한 마음과 온화한 태도로 사람을 접해야 한다는 가르침이다. 마음과 기술, 안팎을 겸비해야만 참다운 공수도라고 할 수 있다.

형이란?

형은 막기·지르기·차기의 기본기를 합리적으로 조직 구성한 것이며, 사방팔방에 적을 가상하고, 정해진 연무선(演武線)을 전진 후퇴하거나 전신(転身)하면서 연무하는 것이다. 일거수일투족, 모두가 공방무기(武技)의 음수이고, 무의미한 동작은 하나도 없다. 예부터 공수의 수련은 형을 중심으로 삼아 행하여지고, 그 각각의 형은 옛 명인들이 오랜 동안의 수련과 귀중한 체험에 의해 짜내고 심혈을 기울여 완성한 것이다.

현재 전해지고 있는 종류는 무릇 50여 종이나 되는데, 아주 오랜 전통을 갖고 있는 것, 비교적 새로운 시대에 완성된 것, 또는 중세에서 근세에 걸쳐 중국에서 전해진 것으로 간주되는 것도 있다. 간단한 것, 복잡한 것, 긴 것, 짧은 것 등 여러 가지가 있으며, 모두 제각기의 특징을 갖고 있으나, 크게 두 가지로 나눌 수 있다. 하나는 소박중후(素朴重厚)하고 웅대한 느낌이 드는 것으로, 체력을 단련하고 근골을 단련하는 데에 적합한 것, 또 하나는 준민비연(俊敏飛燕)과 같은 느낌이 드는 것으로, 경첩기민(軽捷機敏)한 빠른 기술을 습득하는 데에 적합

한 것이다.

　형에 숙달함으로써 저절로 일신의 위급에 임해서 응변(応変)할 수 있는 호신(護身)의 기술을 터득하게 된다. 게다가 형 자체가 완전한 전신운동이며, 굽혀펴기·도약·평균운동 등의 온갖 요소를 포함하고 있기 때문에 체육상 이상적인 운동으로 일컬어지고 있다. 형은 자신의 체력에 따라 진지하게 배울 수 있고, 단시간이건 장시간이건, 단독이건 집단이건간에 연습할 수 있는 특색을 갖고 있으므로, 노소남녀를 막론하고 또 어떤 환경에 있어도 이 길에 정진할 수 있다.

형을 잘 연무하기 위한 마음의 준비

■ 예(礼)와 태도

　예로 시작해서 예로 끝난다. 형을 연무하는 전후에는 반드시 한번 가볍게 인사를 한다. 양측 발뒤꿈치를 합친 모아서기로, 두 손바닥은 가볍게 대퇴에 접하도록 하고, 자연스럽게 바른 자세로 몸을 약간 앞으로 굽혀서 예를 한다. 눈은 정면을 주시하고, 형식만의 것이 아니라 자세를 올바르게 예양·예절을 아는 마음에서의 예가 아니면 안 된다. 스승 후나고시 선생은 공수도를 수련하는 사람은 첫번째로 예의를 중요시해야 한다, 예의를 잃은 공수는 이미 공수도의 정신을 잃고 있다, 예의는 단지 수련 때만 아니라 행주좌와(行住坐臥) 어떤 경우에도 중요시해야 한다는 말을 하고 있다. 또 어떤 장소에서 연무하더라도 겸양하는 마음과 온화한 태도와 두려워하는 일 없이 당당한 태도여야 한다. 괜히 비굴해지거나 뽐내보기도 하는 것은 당치 않은 일이다. 단단하면서도 부드럽고, 부드러우면서도 단단한 유즉화(柔即和), 강즉화(剛即和), 이를테면 유강은 언제나 화로 귀일한다. 예의·예양·예절은 공수도 수련의 제일의(第一義)이다.

■ 겨누기와 마음의 자세 (준비와 바로잡기)

　연무선의 중앙 한복판에서 예를 하면, 조용히 좌족부터 먼저, 다음에 우족을 좌우로 벌리고(중앙 좌측 끝에서 예를 하면 좌족은 그대로, 우족을 우측으로 벌리고) 팔자서기 자연체가 되고, 준비자세를 취하여 겨눈다. 또 발 모아서기로 겨눌 경우에는 그대로 발끝을 합친다. 겨눔이 있어도 겨눔이 없다고 말하는 것처럼 의식과잉(意識過剩), 딱딱하게 힘을 준 겨누기는 순간적으로 적절한 동작을 할 수 없다.

어깨·무릎관절의 힘은 빼고, 곧바로 어떤 변화에도 대응할 수 있도록 신속히 움직일 수 있는 릴랙스한 대련이 필요하다. 다만 아랫배는 죄고, 이른바 단전에 힘을 주고 조용히 호흡을 가다듬어 마음을 진정시켜 기력·체력의 충실을 꾀하는 것이 극히 중요하다. 이와 같이 형의 마지막 거동을 끝내도 바로 힘을 빼어 진정하지 못하는 것은 절대 삼가야 한다. 잠시의 방심도 없이 언제든지 돌발적인 변화에 응할 수 있도록 기력을 충실케 하고, 조용히 처음의 준비자세로 되돌아가는 것이 중요하다. 매사는 모두 끝이 중요하다. 도중이 아무리 훌륭해도 마지막 결말이 흐트러지게 되면 아무 소용이 없다. 예부터 일본 무도에서는 적의 반격에 대비하는 마음의 준비가 중요시되고 있다. 공수도 수행자는 실기수련에서는 말할 것 없고, 일상생활에 있어서도 다음에 대비하는 마음의 준비가 반드시 필요함을 명기(銘記)해야 한다.

형을 연무하자면

■ 순서는 올바르게 틀리지 않도록 한다
　형에 따라 20거동 40거동이라는 식으로 동작의 수가 정해져 있다. 그 거동을 순번으로 연무하는 것이다. 순번이 틀리는 것은 의미가 없다.

■ 연무선을 정확히 진퇴하도록 한다
　형을 연무하기 위해 필요한 전후·좌우에의 진퇴 전신(転身)을 나타내는 노선을 연무선이라고 하고, 연무개시의 위치에서 출발해 정해진 노선을 이동하여 종료 위치에 도착하는데, 개시·종착 위치는 반드시 동일점이 되고 있다. 미숙해서 발의 위치가 틀리거나 보폭이 정확하지 않으면 동일점에 되돌아오지 못한다. 정성들여 연습할 필요가 있다.

■ 각 거동·동작의 의미를 명확히 이해하고 표현하도록 한다
　형 안에 있는 일거수일투족은 모두 공방의 동작이다. 하나의 형에는

많은 공방기술이 담겨져 있으므로, 각각에 대하여 제대로 하려고 하는 의미를 명확히 이해하고, 형대로 표현하지 않아서는 효과가 나지 않는다.

■ 목표를 올바르게 파악하도록 한다

어디에서 어떻게 공격을 당하고 있는 것인지, 어디를 목표로 반격하는 것인지, 그 목표를 올바르게 파악하는 것이 극히 중요하다. 따라서 언제나 목표에서 눈을 떼면 안 되고, 다음 목표에 정확히 눈을 돌리는 것이 필요하다.

■ 형의 특징을 살려 연무하도록 한다

형 안의 각 거동의 의미를 부분적으로 명확히 이해하는 것과 같이, 그 형 전반의 특징을 살려 연무해야 한다.

각각의 형의 특징을 파악하고, 어떤 형은 웅대하게, 어떤 것은 경묘(輕妙)하게 한다.

■ 형에는 시작에서 끝까지 피를 통하도록 한다

개시에서 종료까지 한 거동 한 동작은 서로가 관련되어 있다. 각 공방의 동작이 외따로 독립해 있는 것이 아니므로, 각 기술의 종료는 제각기 다음 기술에 이어지고 있는 것이다. 한번 형을 연무하기 시작하면 마지막까지 하나의 흐름을 만들고, 피를 통하게 해야 한다.

■ 형에 리듬을 주는 세 가지 요체(要諦)를 잊지 않도록 한다

뛰어난 무도, 스포츠 실기는 매우 리드미컬하고 아름답다. 리듬이 없으면 미(美)는 생겨나지 않고, 단순한 리듬이면 상대에게 이용당하고 만다. 형의 미와 힘, 리듬은 '힘의 강약' '기술의 완급' '몸의 신축'에서 생겨난다. 이 세 가지 요체는 형을 연무하는 데에 절대 필요한 것이다.

함부로 너무 힘을 주거나, 무턱대고 빨리 연무해도 절대로 참다운 강함, 능란함은 생겨나지 않는다. 힘을 주어야 할 곳에 힘을 주고, 빼야 할 곳은 빼는 요령을 터득해야 한다. 빨리 해야 하는 곳을 느리게 연무하는 것은 리듬을 흐트리고 만다.

형의 수칙(守則)

① 효과를 서둘러 너무 성급하면 안 된다.
② 열중하기 쉽고, 차가워지기 쉬운 것은 금물이다.
③ 노력의 축적이 필요하다.
④ 싫증내지 말고, 일정시간 연습을 계속하는 것이 중요하다.
⑤ 잘하고 잘못하는 것이 있어도, 잘못하는 형을 버리고 돌아보지 않는 것은 좋지 않다. 잘못하기 때문에 더욱 연습을 거듭해야 한다.
⑥ 형과 대련의 상호관계를 고려하면서 연습한다.

발새(拔塞)・관공(觀空)의 형(形)

발새와 관공의 형은 송도관(松濤館)을 대표하는 형이다. 중후(重厚), 힘찬 바꾸어막기 같은 것은 발새에서 배우고, 힘의 강약, 기술의 완급, 변화, 방향전환 등은 관공에서 배운다. 관공은 평안4단에서 습득한 기본기를 활용하므로, 평안4단을 확실하게 마스터하는 것이 중요하다. 발새, 관공을 충분히 습득한 후 다른 형을 배워야 하는 것이다. 발새와 관공은 현재 일본공수협회의 시합에 있어서 중요한 형이다.

1
발새(拔塞)

예(札)에서 준비자세로

자연체에서 좌족을 반 걸음, 이어서 우족을 끌어당겨 이어서기. 한 번 가벼운 인사를 한 뒤, 발 모아서기가 되고 왼손바닥으

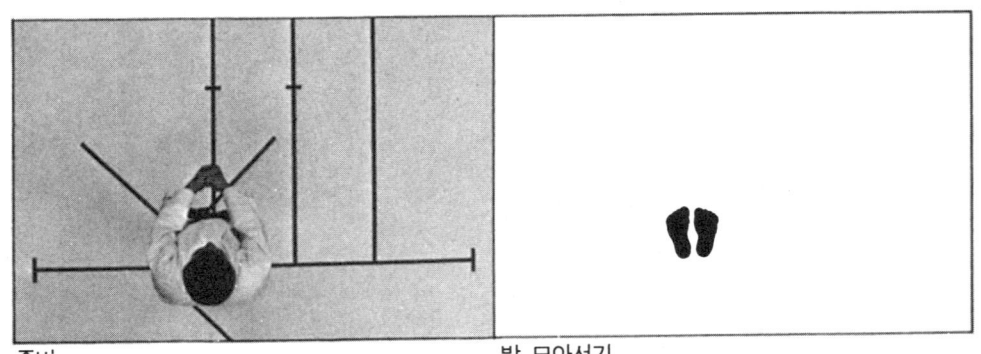

준비   발 모아서기

1 우 중단팔막기 / 왼손바닥 오른손목 안쪽에 곁들인다
우측 다리앞쪽 교차서기 (좌족 우측 발뒤꿈치 뒤에 곁들인다)

정면으로 한 걸음 반, 내딛는다. 평안4단의 13거동, 교차서기를 활용한다.

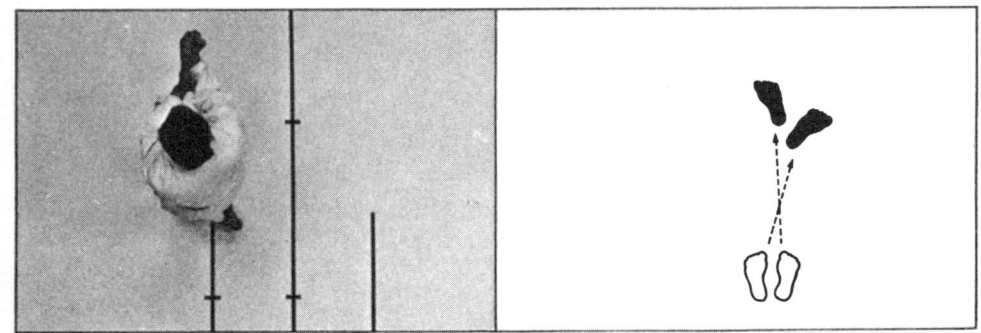

1. 우 중단팔막기 / 왼손바닥 오른손목 안쪽에 곁들인다

2 좌 중단팔막기
좌 전굴자세

우측 다리의 축으로 허리를 좌전, 뒤쪽으로 돌아다보면서.

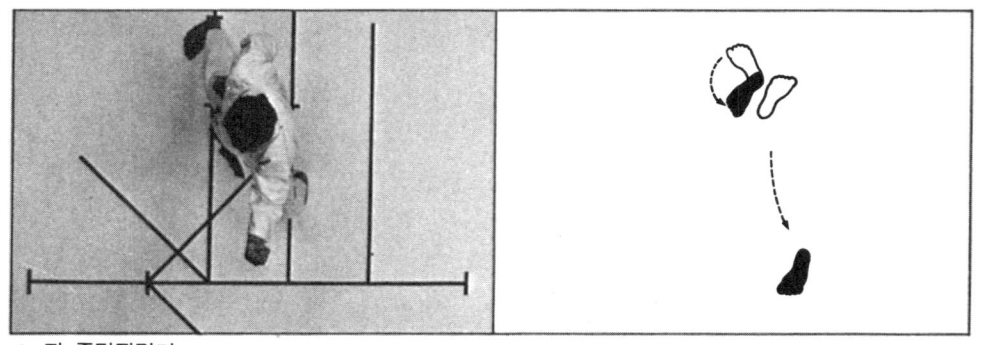

2. 좌 중단팔막기

3 우 중단팔막기
좌 전굴자세 / 약간 역반신이 된다

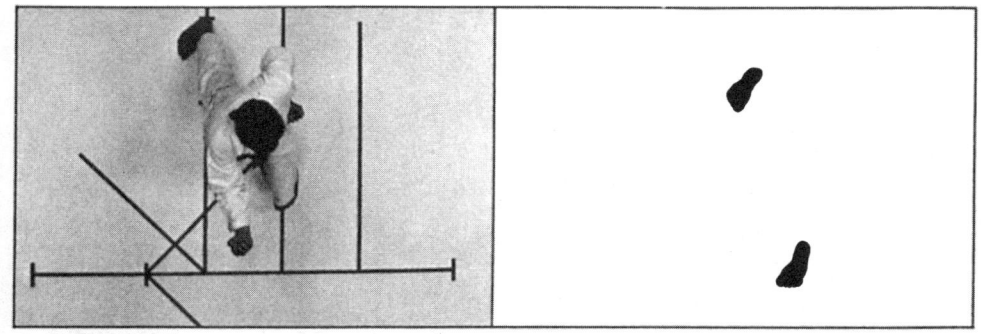

3. 우 중단팔막기

좌 중단내려치기
우 전굴자세

좌측 다리 축(軸), 허리를 우전, 뒤쪽으로 돌아다본다.

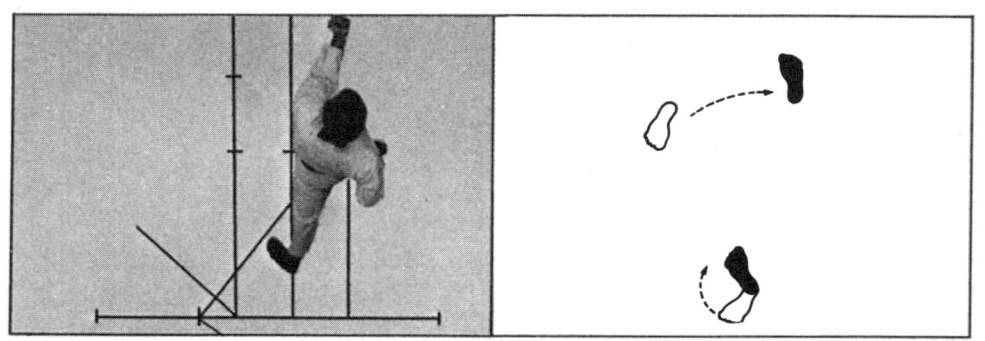

4. 좌 중단내려치기

5. 우 중단팔막기
우 전굴자세

2, 3, 4, 5거동의 바깥막기, 안쪽막기는 평안3단의 1, 2, 3거동을 활용한다.

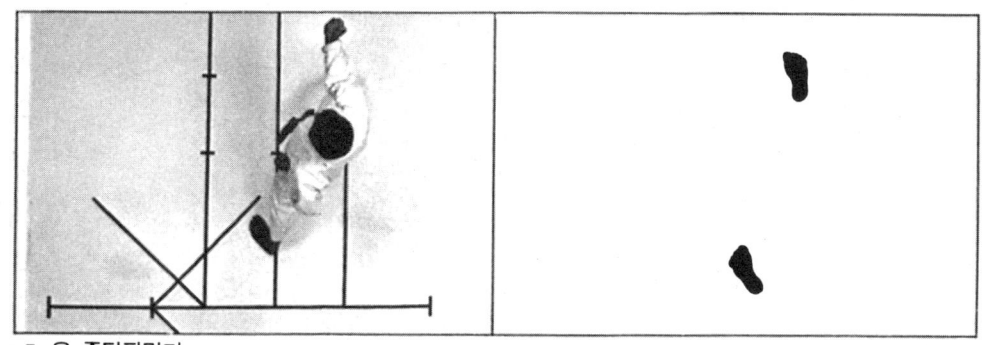

5. 우 중단팔막기

제 1 장 발새

6 우 상단내려치기
우 전굴자세

——허리의 높이를 바꾸지 않도록——

좌측 다리 축, 우족을 좌측으로 끌어당기듯 반원을 그리면서 우전. 일단 우권의 엄지손가락쪽 손목(등 아래쪽 향하기)으로 우측 하단을 안쪽에서 잡아채서 막는 것처럼 하며 크게 돌리고 우측 어깨 앞에서……

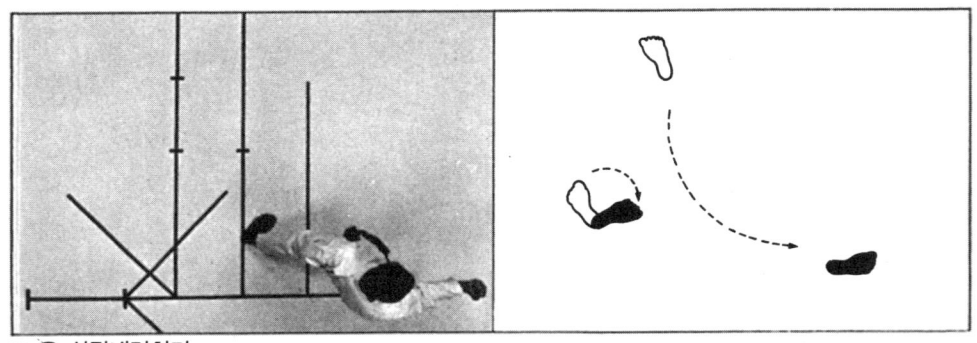

6. 우 상단내려치기

제 1 장 발새

7. 좌 중단팔막기
우 전굴자세

허리를 우전, 약간 역반신이 된다.

7. 좌 중단팔막기

8. 양권 우측 허리겨누기
팔자서기 / 좌권(등 앞쪽 향하기), 우권(등 아래쪽 향하기) 위쪽

우측 다리를 축으로, 정면을 향하여 무릎을 편다.

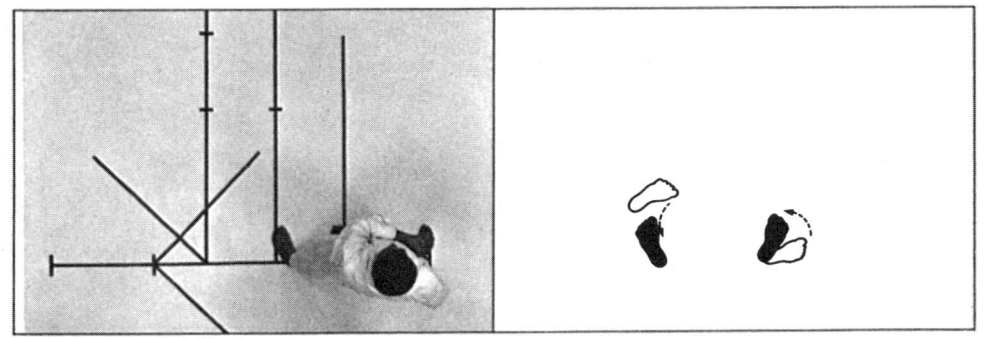

8. 양권 우측 허리겨누기

제 1 장 발새

9. 좌측 세로 수도중단팔막기
팔자서기

왼손바닥을 벌리고, 천천히 반원을 그리면서 앞쪽으로 가볍게
팔꿈치를 펴서 낸다.

9. 좌측 세로 수도중단팔막기

10. 우권 중단(바로)지르기
팔자서기

상체는 정면 향하기인 채.

10. 우권 중단(바로)지르기

11 우 중단팔막기
좌 전굴자세(우측 무릎을 편다)

허리 좌전과 같이, 우측 앞팔을 중심으로 주먹을 크게 안쪽으로 돌리고, 앞팔을 세워 팔막기(우권은 왼팔꿈치 밑에서 크게 돌리는 기분으로).

11. 우 중단팔막기

12. 좌권 중단(바로)지르기
팔자서기

12. 좌권 중단(바로)지르기

13. 좌 중단팔막기
우 전굴자세

허리를 우회전.

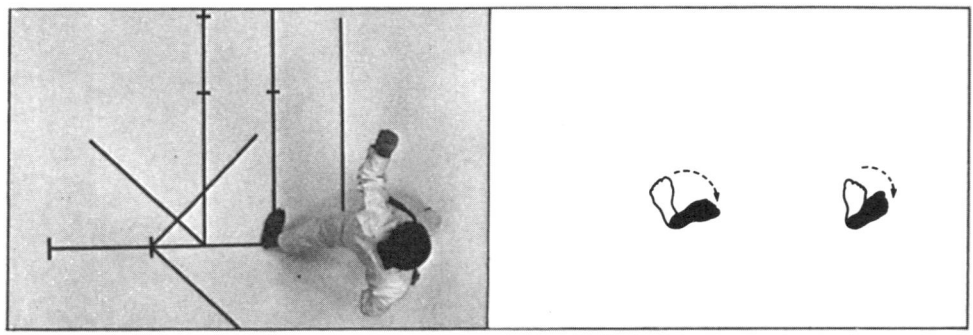

13. 좌 중단팔막기

14. 우 수도(중단)막기
좌 후굴자세

좌측 다리 축, 허리 좌전.

14. 우 수도(중단)막기

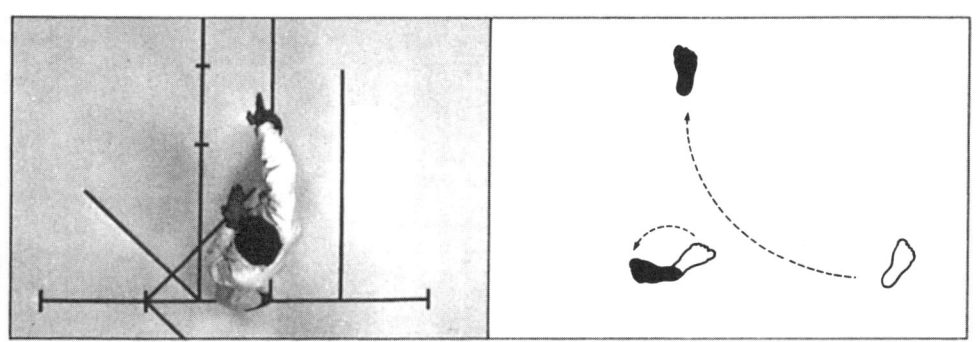

15. 좌 수도(중단)막기
우 후굴자세

좌족을 한 걸음 앞으로 문질러내기.

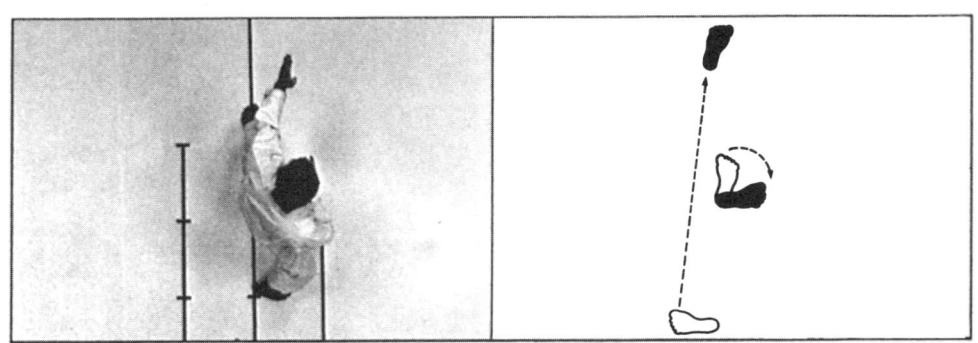

15. 좌 수도(중단)막기

16. 우 수도(중단)막기
좌 후굴자세

우족을 한 걸음 앞으로 문질러내기.

16. 우 수도(중단)막기

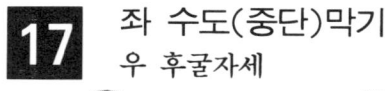

17 좌 수도(중단)막기
우 후굴자세

우족을 한 걸음 뒤로 당기고.

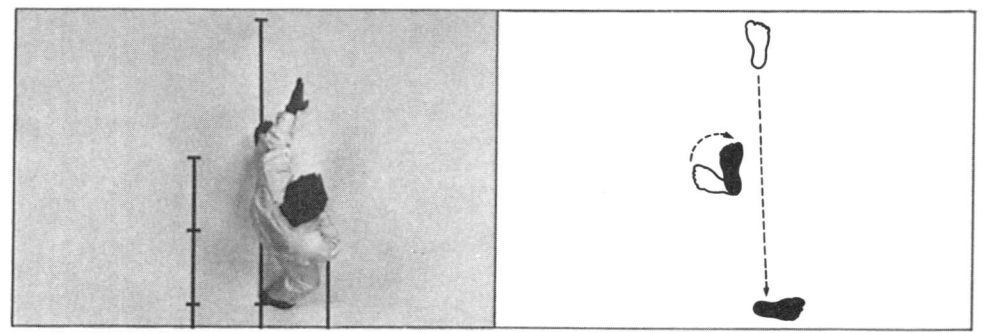

17. 좌 수도(중단)막기

18 양손바닥 잡기식막기 (양쪽 등 위쪽 향하기)
좌측 앞무릎 약간 굽힌다

양쪽 발의 위치 그대로인 채, 우측 다리를 축으로 삼고 허리를 반전. 왼손바닥을 왼팔꿈치 밑에서 반원을 그려 앞으로 낸다. 왼손바닥을 그대로인 채(우측 앞으로 밀어내듯 이. 손바닥 끝은 오른손목 가까이에. 양팔꿈치는 약간 굽히는 듯이).

발바닥을 마룻바닥에 밀착시킨 채 바깥쪽으로 벌려서 낸다

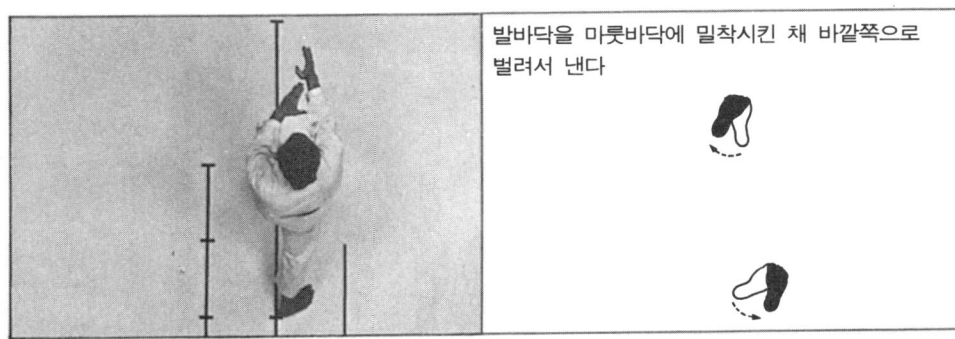

18. 양손바닥 잡기식막기

19. 양손바닥으로 잡아당기기 (양쪽 등 위쪽 향하기)
우 족도 하단옆차기 / 좌측 다리서기

우측 무릎을 일단 높게 두 팔 안으로 낀다. (우측 무릎, 발은 가능한 한 높게) 양 손바닥은 꽉 쥐면서 차넣는 것과 동시에 우측 유방 앞으로 세게 당긴다.

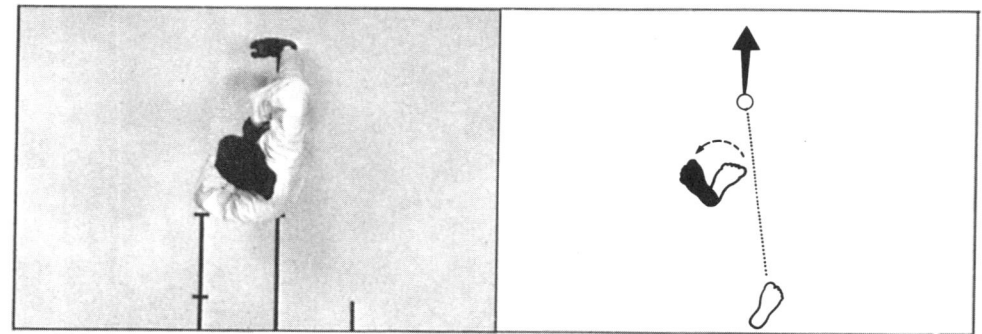

19. 양손바닥으로 잡아당겨 우 족도 하단옆차기

20. 좌 수도(중단)막기
우 후굴자세

허리를 좌전, 뒤로 돌아다보면서 우측 차는 발을 내린다.

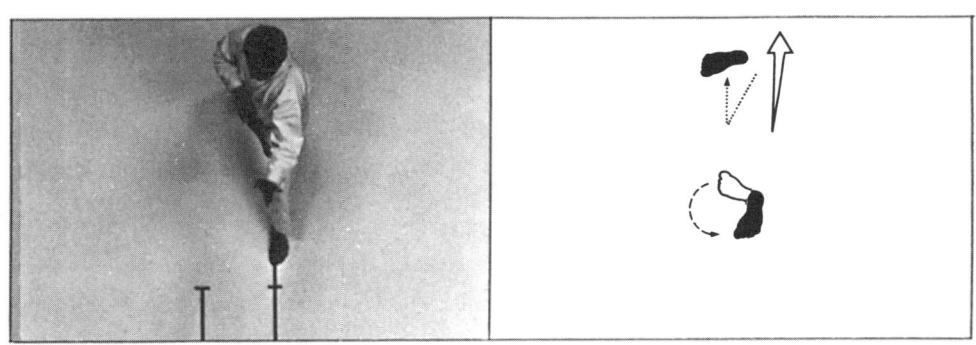

20. 좌 수도(중단)막기

21 우 수도(중단)막기
좌 후굴자세

우족을 한 걸음 앞으로.

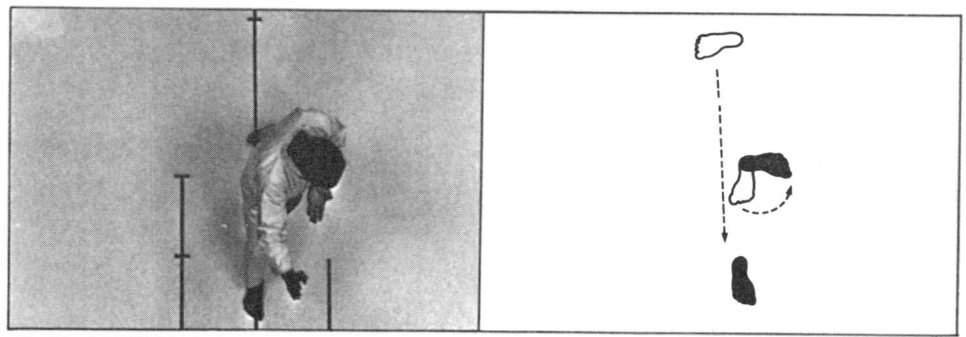

21. 우 수도(중단)막기

22. 양수 상단막기 (양쪽 등뒤쪽 향하기)
발 모아서기

우족을 당겨서 좌족에 나란히 한다. 우족을 당기는 것과 양권을 머리 위에서 접하는 것이 동시에 될 수 있도록.

22. 양수 상단막기

23 양권추 중단모아치기
우 전굴자세

우족을 한 걸음 앞으로 문질러낸다. 머리 위의 양권은 물건을 잡아 찢듯이 세게 좌우로 10cm 정도 벌리고, 그대로인 채 좌우로 작은 반원을 그려 손발 동시에 끝내기되도록.

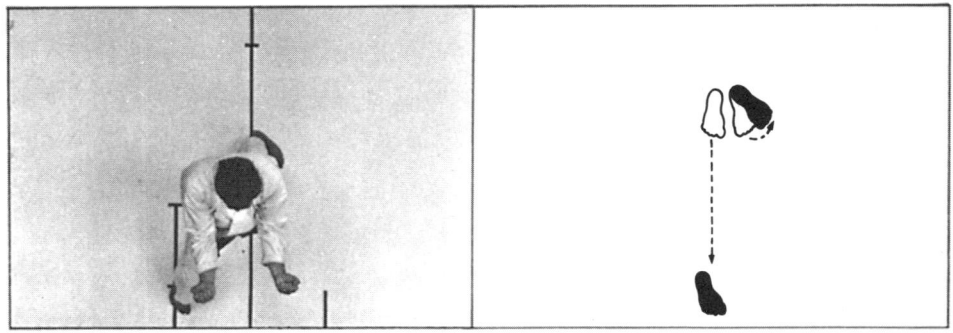

23. 양권추 중단모아치기

24 우권 중단지르기
그대로인 채 모으기 발

우 전굴자세인 채 두 발의 한 발은 길게 문질러낸다. 모으기 발은 철기3단의 20거동과 같은 요령.

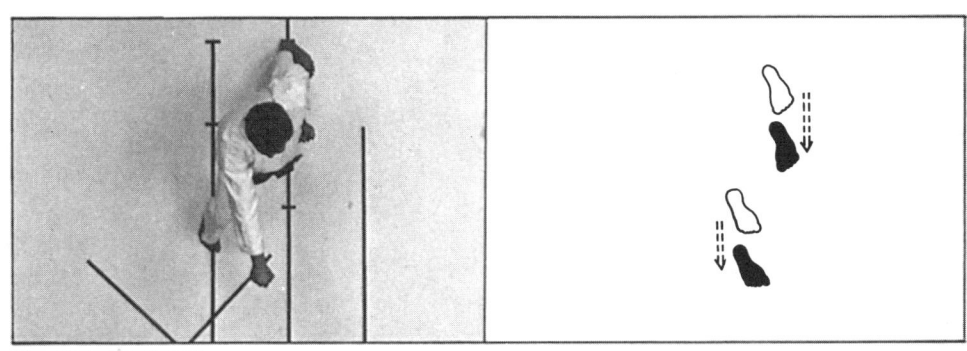

24. 우권 중단지르기

제 1 장 발새

25   우 관수 하단낭심지르기
a 왼손바닥 우측 어깨위 받아넘기기
(양쪽 등 아래쪽 향하기) 좌 전굴자세

우측 다리 축, 허리를 좌전, 뒤로 돌아다본다.

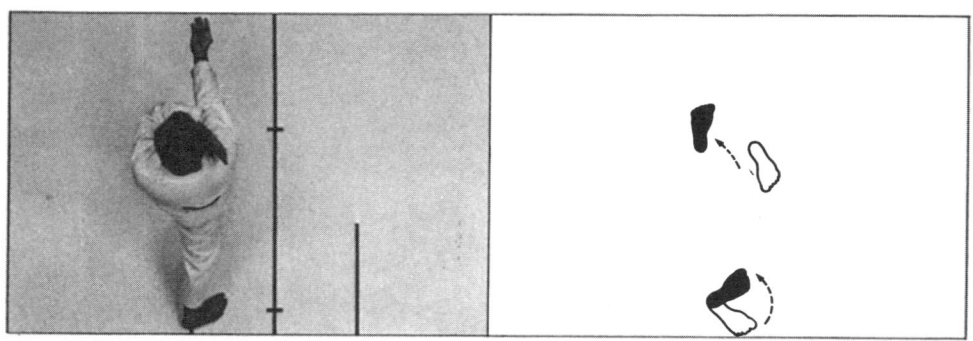

25a. 우 관수 하단낭심지르기 / 왼손바닥 우측 어깨위 받아넘기기

25 b 우권 우측 상단안쪽막기
좌권 좌측 하단막기(우측 향하기, 얼굴만 정면 향하기)
발 모아서기

우측 다리 축, 허리를 우전, 좌족을 당겨서 우족에 나란히 한다. 평안5단 21, 22 거동의 기본기를 활용.

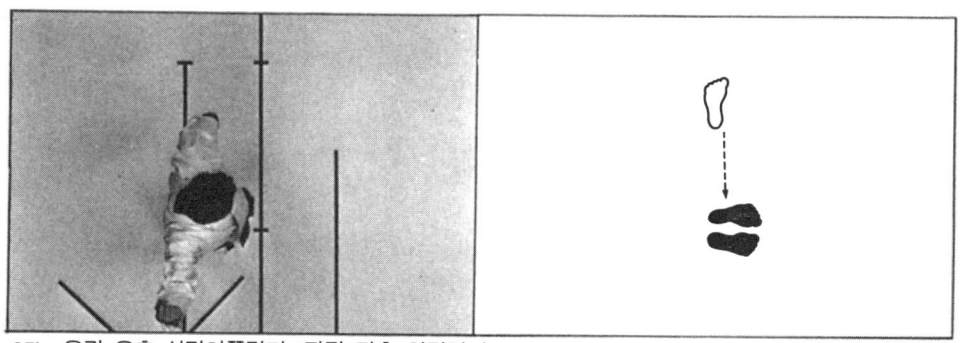

25b. 우권 우측 상단안쪽막기 / 좌권 좌측 하단막기

26 우권 우측 하단막기
기마자세

좌측 다리 축, 허리를 좌전, 일단 우측 무릎을 높이 붙이고 내딛는다. 우권은 머리 위에서 크게 휘두르고, 힘껏 좌우로 죄면서 하단으로.

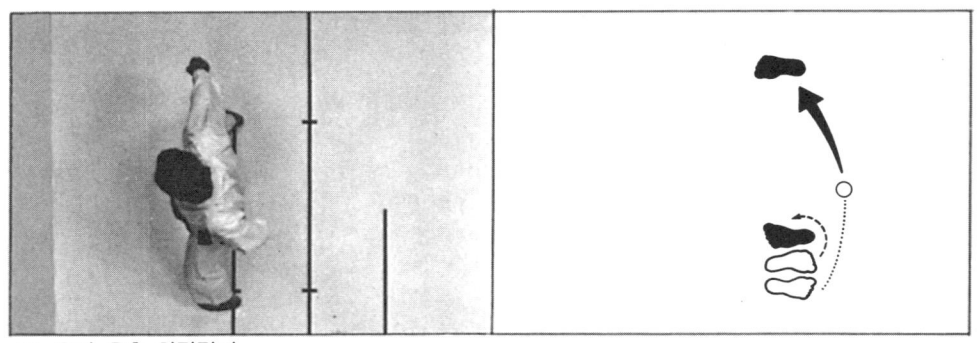

26. 우권 우측 하단막기

27. 왼손바닥 좌측 중단걸쳐서막기
기마자세

오른손을 위로, 양손을 가슴 앞에서 교차하여 서로 끌어당긴다. 왼손바닥은 얼굴의 움직임과 같이 왼쪽으로.

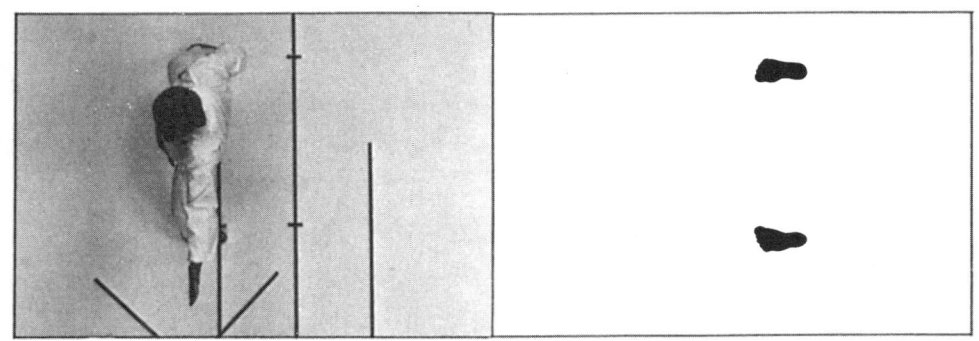

27. 왼손바닥 좌측 중단걸쳐서막기

28 우족 안다리 돌려차기
a 좌측 다리서기

우측 다리 축, 허리를 좌전, 뒤로 돌아다보고, 좌측 무릎을 높이 붙이고 우측 발바닥을 초승달 모양으로 돌리고 왼손바닥에 맞힌다. 걸쳐서막기에서 안다리 돌려차기는 평안5단의 13, 14, 15거동을 활용.

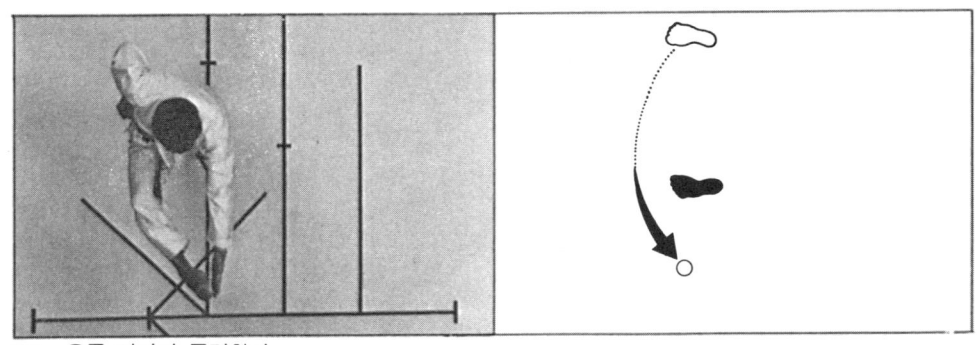

28a. 우족 안다리 돌려차기

28 b 오른팔꿈치 중단앞치기
기마자세

왼손바닥은 그대로인 채, 오른팔꿈치를 왼손바닥에 맞힌다.

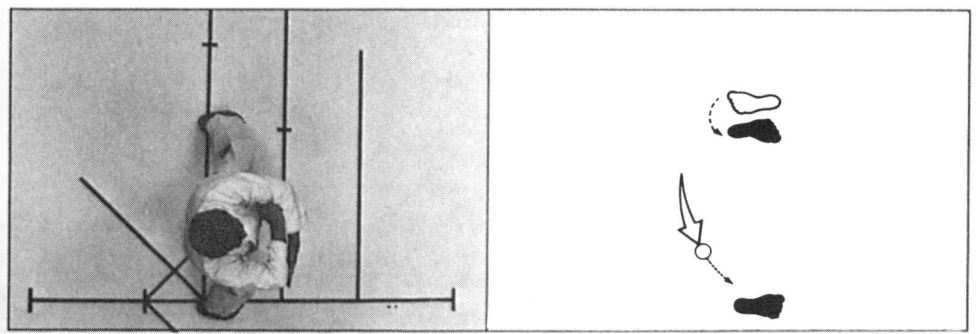

28b. 오른팔꿈치 중단앞치기

제 1 장 발새

29	우 하단막기 / 왼팔 가슴앞 겨누기
기마자세	（양쪽 등 앞쪽 향하기）

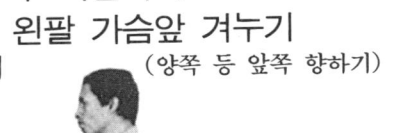

30	좌 하단막기 / 오른팔 가슴앞 겨누기
기마자세	

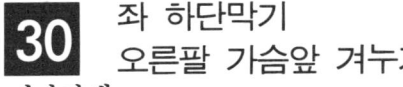

왼손바닥은 움직이지 않고 그대로 쥐고.

양팔꿈치 다 위치를 바꾸지 않고, 좌권은 밑으로, 우권은 왼팔꿈치 앞에 취한다.

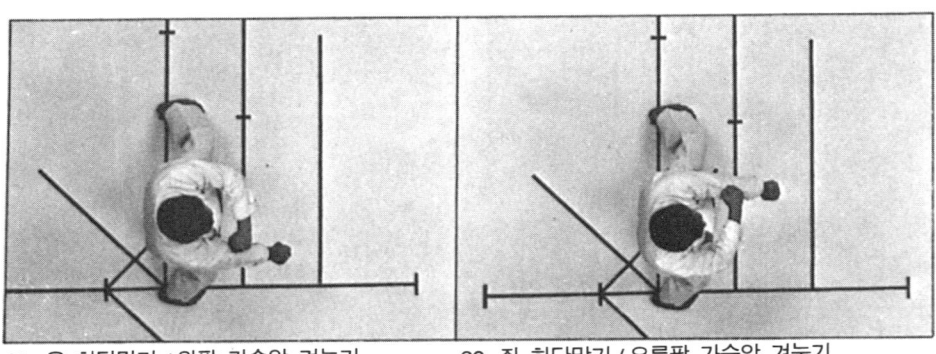

29. 우 하단막기 / 왼팔 가슴앞 겨누기   30. 좌 하단막기 / 오른팔 가슴앞 겨누기

31 우 하단막기
기마자세
왼팔 가슴앞 겨누기 (양쪽 등 앞쪽 향하기)

거동 30과 같은 요령으로.

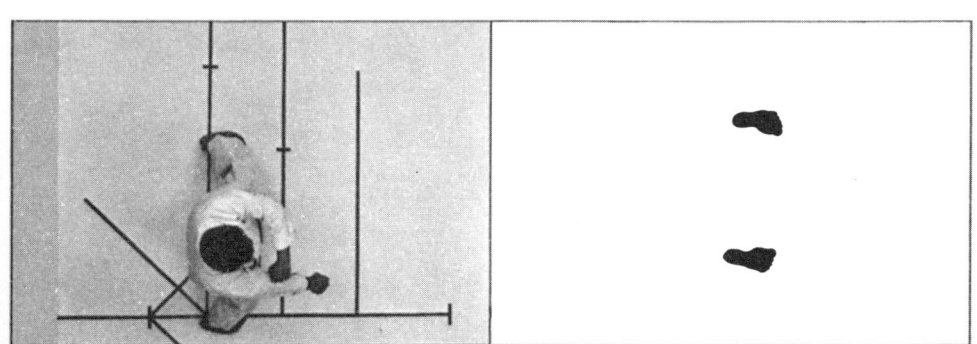

31. 우 하단막기 / 왼팔 가슴앞 겨누기

32 양권 좌측 허리겨누기

(우권 위쪽, 좌권등 아래쪽 향하기, 우권등 앞쪽 향하기)

우 전굴자세

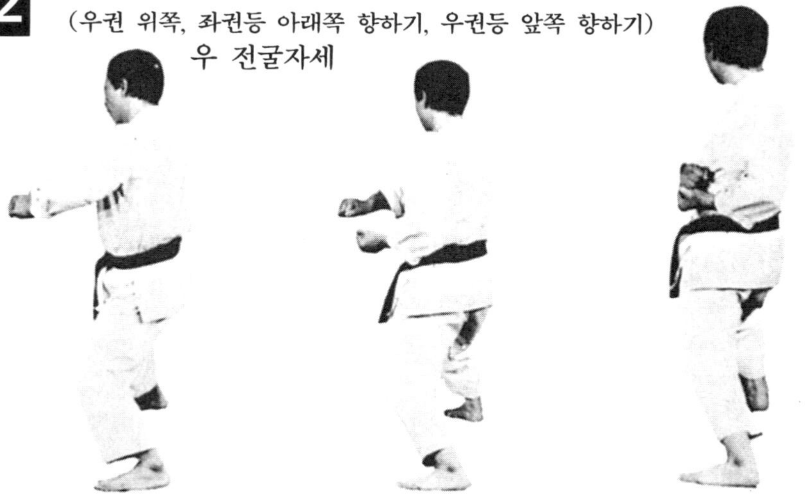

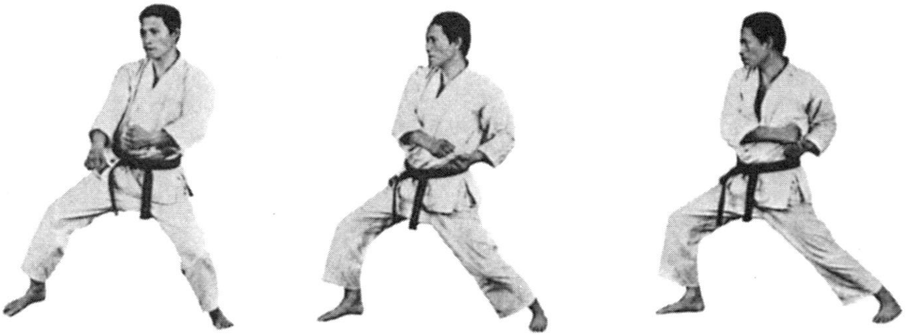

두 발의 위치 그대로인 채 좌측 다리 축, 허리를 우전.

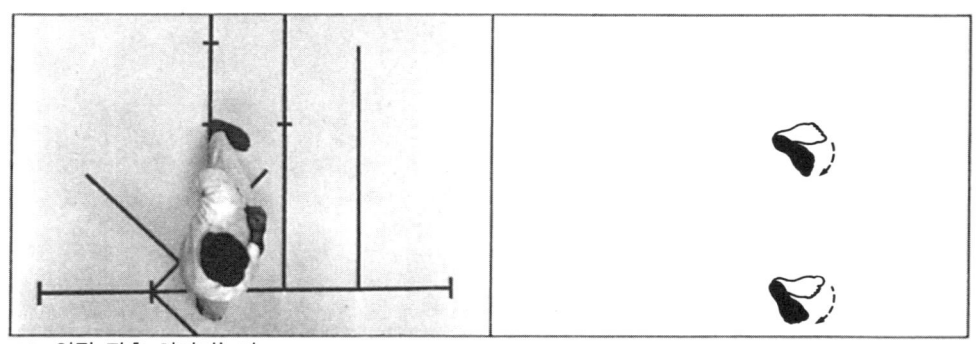

32. 양권 좌측 허리겨누기

33 산지르기 (좌권 상단지르기, 우권 하단뒤지르기)
우 전굴자세

상체를 비틀고, 좌권·머리·우권은 세로로 나란히 한다.

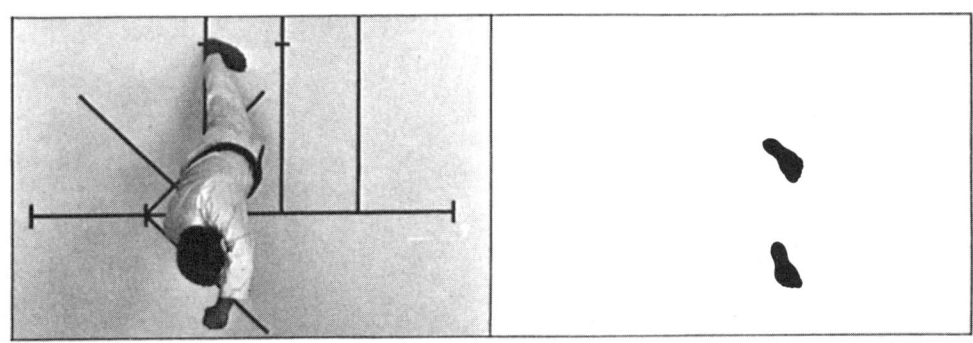

33. 산지르기

제 1 장 발새 55

양권 우측 허리겨누기(좌권 위쪽)
발 모아서기

우족을 당겨서 좌족에 나란히 한다.

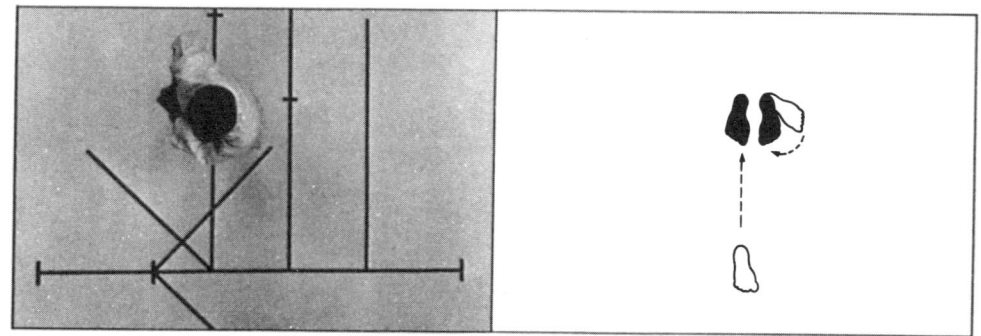

34. 양권 우측 허리겨누기

35 산지르기 (우권 상단지르기, 좌권 하단뒤지르기)
좌 전굴자세

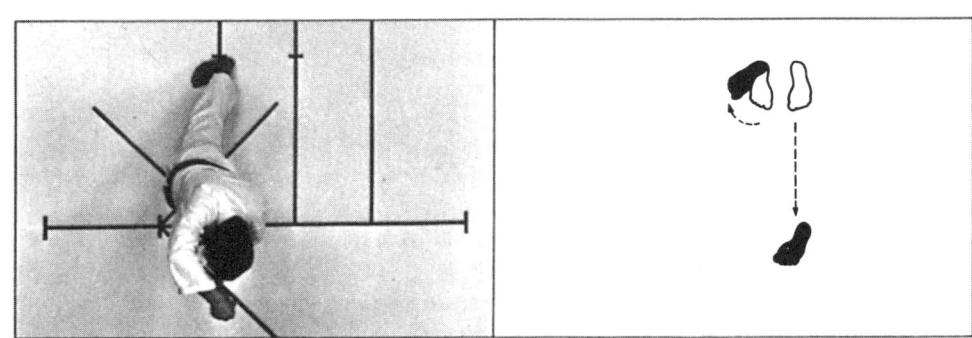

35. 산지르기

36 양권 좌측 허리겨누기(우권 위쪽)
발 모아서기

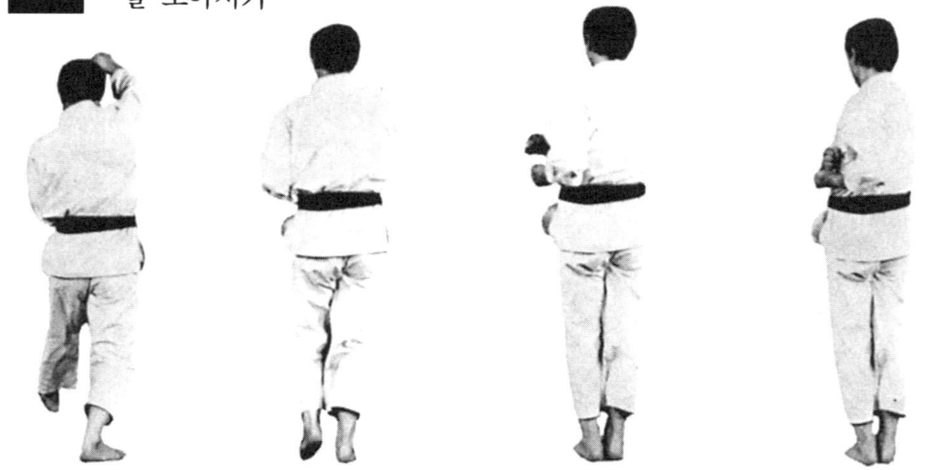

좌족을 당겨서 우족에 나란히 한다.

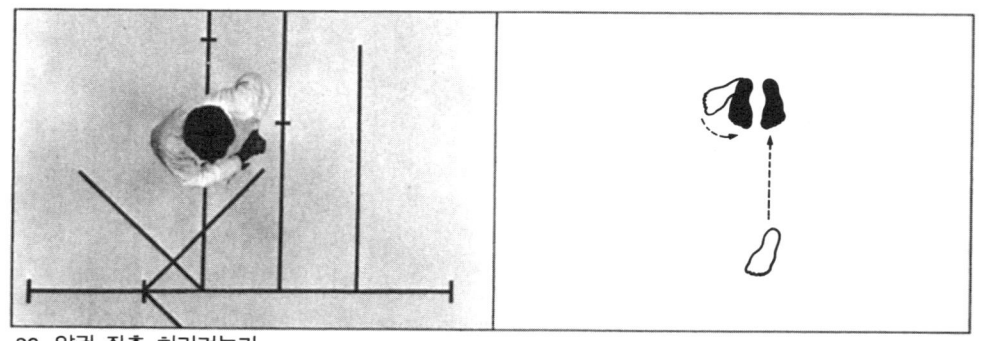

36. 양권 좌측 허리겨누기

37 산지르기(좌권 상단지르기, 우권 하단뒤지르기)
우 전굴자세

  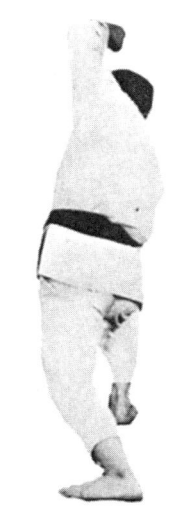

산지르기는 상단지르기쪽의 팔꿈치는 얕게 굽히고, 하단쪽 팔꿈치를 깊이 굽혀 허리뼈로 억제한다. 하단쪽의 어깨를 약간 앞으로 내고 입신(立身)이 된다. 좌우의 양권은 수직으로 가지런히 한다.

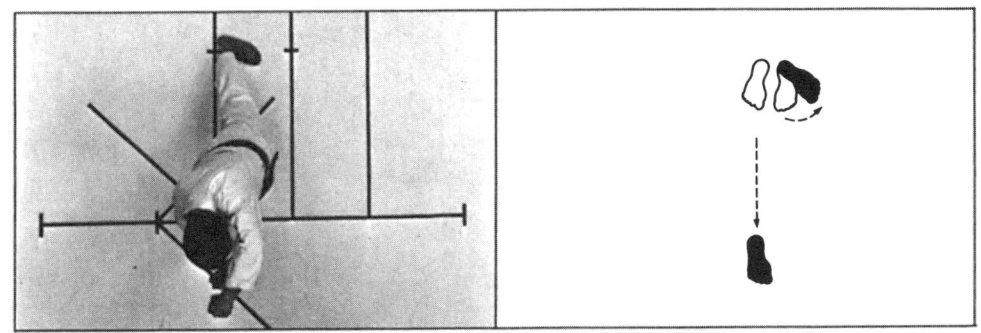

37. 산지르기

38 우 하단잡아채서 막기
좌 전굴자세

우측 다리 축, 허리 좌전, 뒤로 돌아본다. 두 발을 간격 넓게 나란히 하고 한 선에 가지런히. 좌측 어깨를 충분히 뒤로 당기고, 우측 어깨가 앞으로 나오도록 허리를 세게 돌린다. 우권을 좌측 어깨 위에서 크게 돌려 휘둘러 내리고(우권등

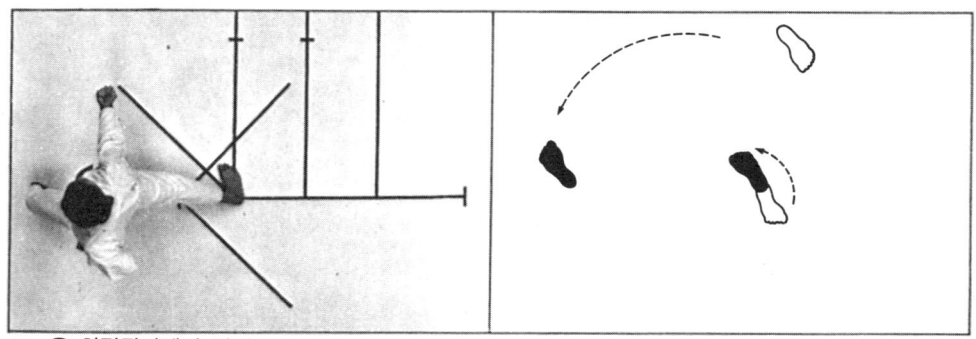

38. 우 하단잡아채서 막기

앞쪽 향하기), 바로 정면 하단에서 팔꿈치를 중심으로 앞팔을 젖혀 잡아채서 막기(등 아래쪽 향하기).

39 좌 하단잡아채서 막기
우 전굴자세

두 발의 위치는 그대로인 채, 허리를 우전. 좌권을 우측 어깨 위에서 크게 돌려서 휘둘러 내리고(좌권등 앞쪽 향하기), 바로 정면 하단에서 앞팔을 돌려 잡아채서 막기(좌권등 아래쪽 향하기).

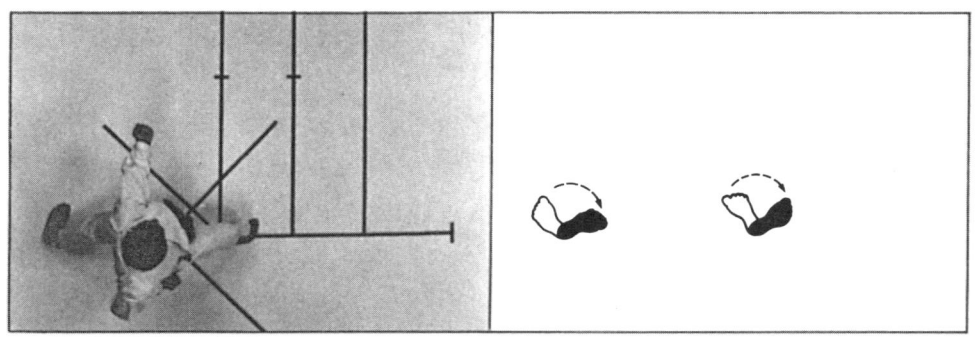

39. 좌 하단잡아채서 막기

40 우 수도(중단)막기
좌 후굴자세

상체의 위치를 움직이지 않고 좌족을 중앙(상체의 밑)으로 모아 허리를 좌전, 우족을 비스듬히 앞으로 문질러낸다. 발 끌어당기기는 평안2단 7거동의 요령.

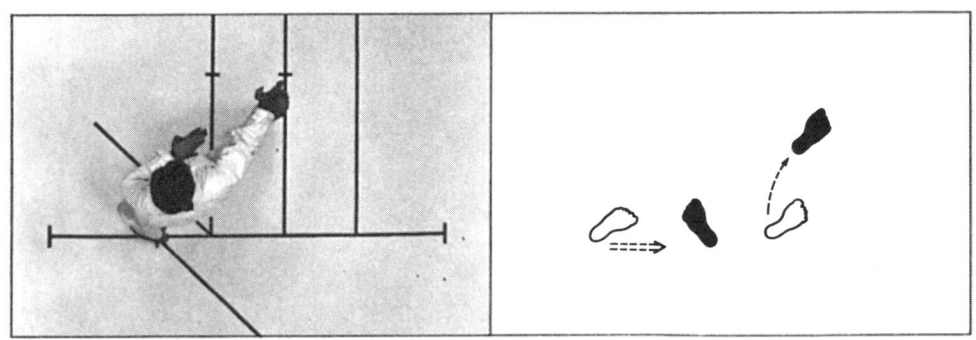

40. 우 수도(중단)막기

41 그대로인 채의 자세로

좌족을 축으로 삼고, 우수·우족·수도막기인 채 힘껏 천천히 우전, 얼굴만 좌측 비스듬히 돌린다.

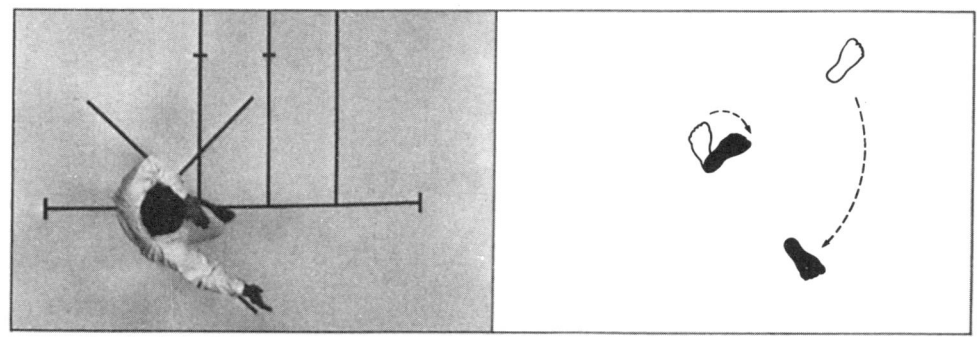

41. 그대로인 채의 자세로

42 좌 수도(중단)막기
우 후굴자세

우족을 반 걸음 끌어당긴다.

42. 좌 수도(중단)막기

바로

우족 그대로인 채, 좌족을 끌어당기고 준비자세로 되돌아간다.

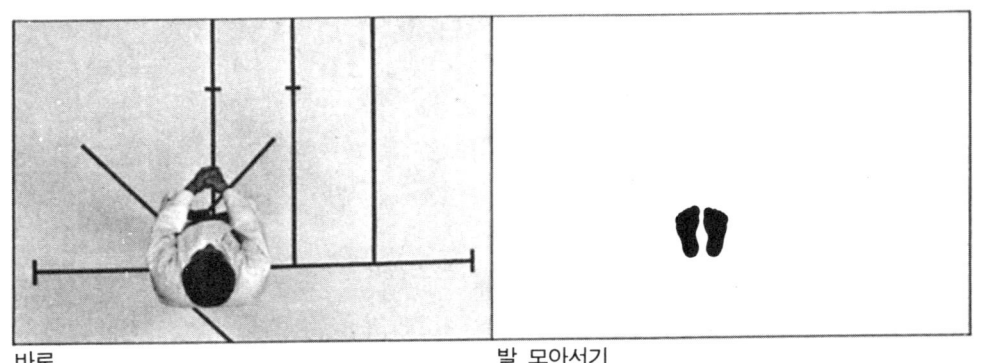

바로   발 모아서기

발새의 포인트

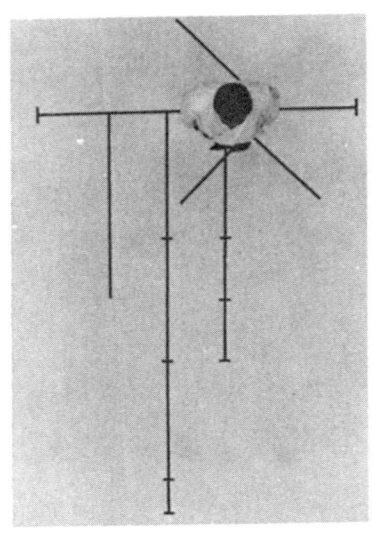

발새(拔塞) 42거동 약1분간에 종료

이 형은 마치 적의 성새(城塞)를 쳐부수는 것 같은 기백과 힘으로써 하기 때문에 발새라 부른다. 기력을 충실케 하고, 중후하면서 당당하게 연무하지 않으면 특징을 살릴 수 없다. 이 발새와 관공(觀空)은 송도관을 대표하는 형의 쌍벽이다. 기본형으로 해야 하는 원칙을 익힌 뒤, 우선적으로 꼭 습득해야 하는 형이다. 중후하고 민첩, 힘과 변화, 기술의 완급, 힘의 강약 등 대조적으로 가려서 쓰지 않으면 효과가 없다.

발새의 리듬

1 2·3 4·5 6·7 8 9 10·11 12·13 14 15
16·17 18 19 20 21 22 23·24 25 26 26 28 29·30
·31 32 33 34 35 36 37 38 39 40 41 42▲

①

②

① 양손바닥 붙잡아 막기 : 발의 위치는 그대로인 채(양측 발뒤꿈치는 약간 바깥쪽으로 벌려서 내는 기분으로) 우측 다리를 축으로 삼고 허리를 좌전, 상체를 비틀어 우측 어깨를 앞으로 내고, 좌수 밑에서 우수를 내어 막는다.

② 양손바닥 붙잡아 당기기 : 우측 족도(足刀)로 세게 앞쪽 비스듬히 밑으로 내딛는 것과 동시에 양손을 꽉 쥐고 우측 가슴 앞에 양권을 가지런히 하여 세게 끌어당긴다. 우측 무릎을 높이 얼굴 앞으로 끌어올리고, 좌족은 양손과 같은 높이에서 비스듬히 아래쪽으로 차는 것이 이상적이다.

③ 양권추 중단끼워치기 : 상대의 양손 지르기를 양손으로 막으면 즉각 좌우로 밀어서 벌리고, 그대로인 채 한 걸음 내딛고 양쪽 옆구리에 양수추(兩手槌)로 협격한다. 좌우로 밀어서 벌릴 때는 가능한 한 작고 세게 찢는 기분으로, 크게 밀어서 벌리면 역으로, 상대에게 양수추로 협격당할 염려가 있으므로 주의하는 것이 중요하다.

④ 안다리 돌려차기 : 우족으로 안다리 돌려차기를 할 때는 무릎을 가능한 한 높이 들어 우족을 돌리는 기분이 중요하다. 찰 때 좌수를 내리거나, 좌수를 발에 접근시키지 않도록, 좌수의 위치는 그대로인 채.

⑤ 거동 29, 30, 31 : 자세, 팔꿈치의 위치는 그대로인 채. 우권을 밑으로 쳐서 뻗는 것과 동시에 좌수는 그 자리에서 쥔다(좌우 다 손등 앞쪽 향하기). 우권, 좌권을 엇갈려 쳐서 뻗는다. 다른 손은 앞팔을 가슴 앞에 취한다. 내리치는 손은 가슴 앞에 겨누는 손의 안쪽을 지나도록.

발새의 포인트

⑥

⑦

⑧

⑥ 산지르기(거동 33-37) : 이 수는 머리카락을 잡혔을 때의 반격법. 끌어당겨지는 머리는 그대로인 채, 몸을 비틀어서 옆으로 넘기는 듯하게, 상대를 응시하여 인중과 하복부에 양권의 동시 공격.

⑦ 하단 잡아채서막기(거동 38, 39) : 상대의 발을 엄지손가락쪽(주먹등 앞쪽 향하기) 손목으로 잡아채서 막자 즉각 이것을 뿌리치는(주먹등 아래쪽 향하기) 것이기 때문에, 그 기분으로 낮게 막는 것이 중요하다.

⑧ 방향 전환(거동 40) : 그 자리에서 전환하여 비스듬히 앞에서의 상대에게 응하는 것이기 때문에, 좌족을 상체의 바로 밑으로 끌어당기면서 수도로 막는다. 좌족을 우족으로 끌어당기거나, 더 크게 우족 앞을 교차하여 상체를 이동시켜서는 안 된다. 평안2단 거동7과 같은 원칙이다(제2권 참조).

2
관공(觀空)

예(礼)에서 준비자세로

팔자서기 자연체. 조용하게 천천히 양손바닥을 우측을 위로 비스듬히 친다(네 손끝과 엄지손끝을 서로 겹친다).

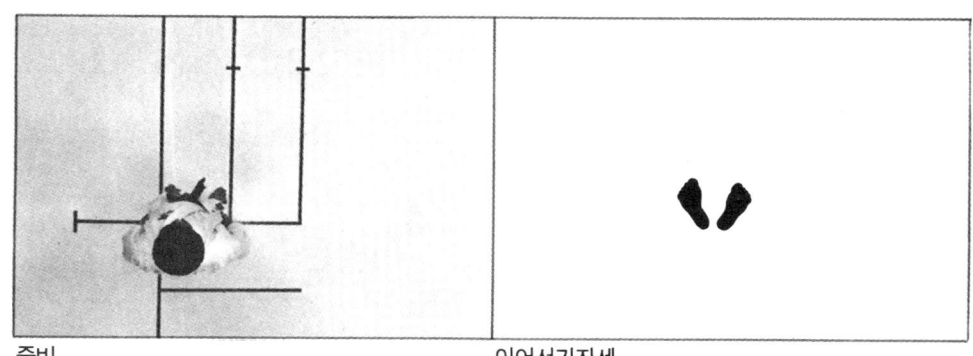

준비 　　　　　　　　　　　　　　　이어서기자세

1

양손바닥 겹친 채 이마 비스듬히 위로
(양쪽 손등 뒤쪽 향하기) / 팔자서기자세

손가락 사이에서 하늘을 바라보는 기분으로.

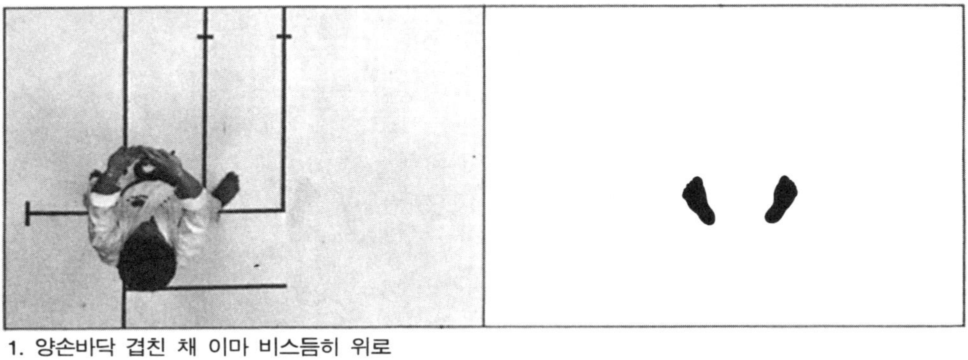

1. 양손바닥 겹친 채 이마 비스듬히 위로

2. 일단 양손바닥 좌우로 벌리고, 양손바닥 하복부 앞으로
팔자서기자세

처음에 획, 그대로인 채 자연스럽게 조용히 크게 원을 그리면서.

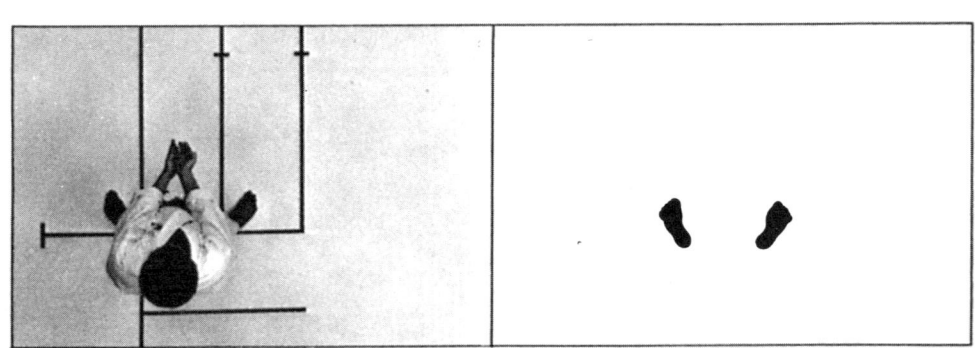

2. 일단 양손바닥 좌우로 벌리고, 양손바닥 하복부 앞으로

두 팔꿈치는 가볍게 펴고, 조용히 돌린다. 오른손바닥을 세로로(등 비스듬히 우측의 아래쪽 향하기) 왼손바닥(등 좌측의 아래쪽 향하기) 위에 비스듬히 가볍게 겹친다.

3. 왼팔 좌측 상단막기 / 오른손바닥 가슴앞 겨누기
우 후굴자세(좌측 등 뒤쪽 향하기, 우측 등 아래쪽 향하기)

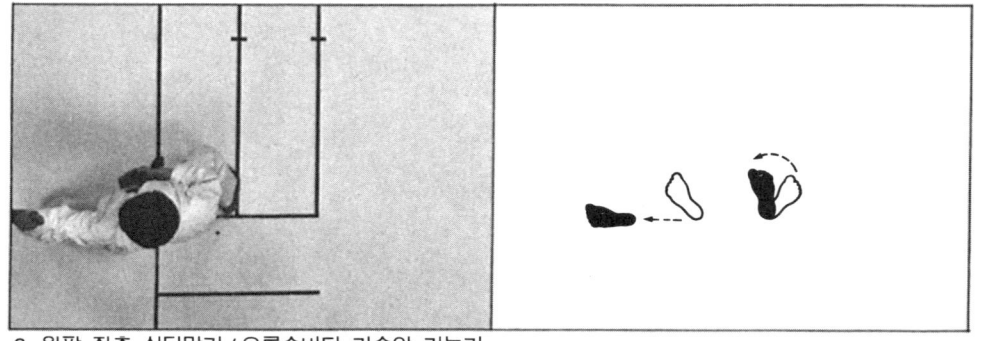

3. 왼팔 좌측 상단막기 / 오른손바닥 가슴앞 겨누기

4. 오른팔 우측 상단막기 / 왼손바닥 가슴앞 겨누기
좌 후굴자세

3, 4거동은 휙 하니 빠르게 이어간다.

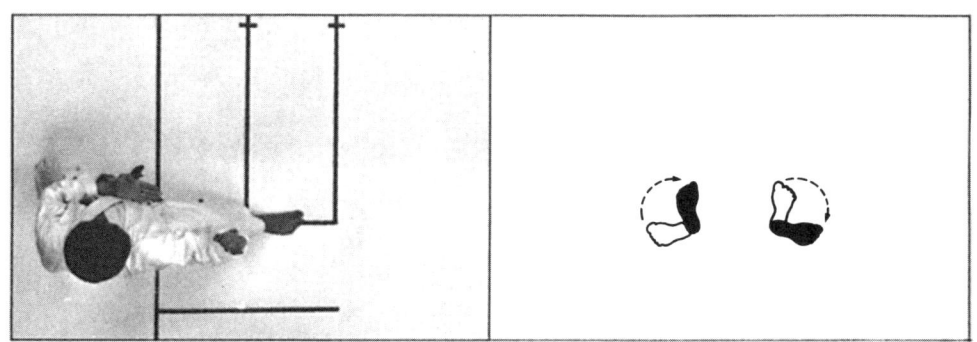

4. 오른팔 우측 상단막기 / 왼손바닥 가슴앞 겨누기

5. 좌측 세로 수도중단팔막기 / 우권 우측 허리
팔자서기자세

발의 위치 그대로인 채, 무릎을 가볍게 편다. 왼손바닥은 우측 팔꿈치 밑에서 천천히 크게.

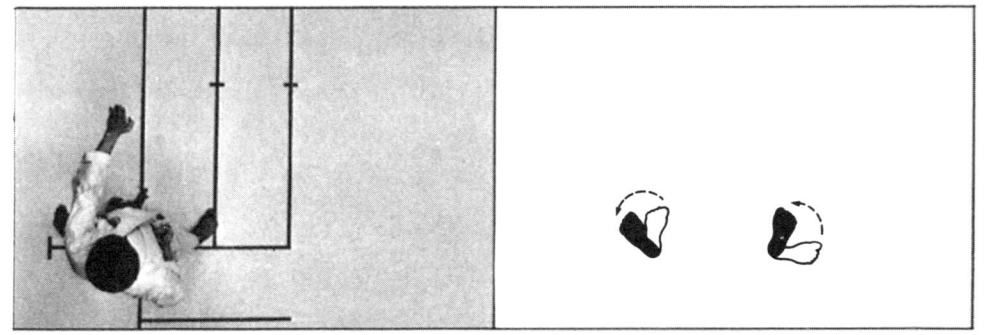

5. 좌측 세로 수도중단팔막기 / 우권 우측 허리

6. 우권 중단(바로)지르기
팔자서기자세

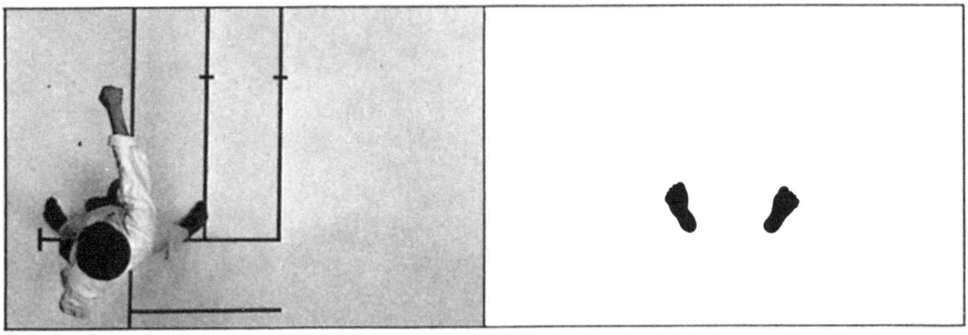

6. 우권 중단(바로)지르기

제 2 장 관공 79

7. 우 중단팔막기
좌 전굴자세

발의 위치 그대로인 채 허리를 좌전. 오른팔꿈치의 힘을 빼고, 우권을 좌측 옆구리로 끌어당기면서 팔꿈치를 중심으로 원을 그리고 돌린다.

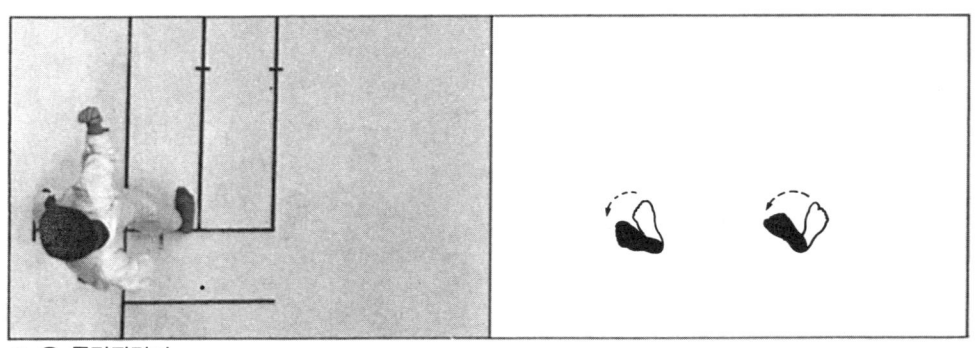

7. 우 중단팔막기

8. 좌 중단(바로)지르기
팔자서기자세

허리를 우전.

8. 좌 중단(바로)지르기

제 2 장 관공

9. 좌 중단팔막기
우 전굴자세

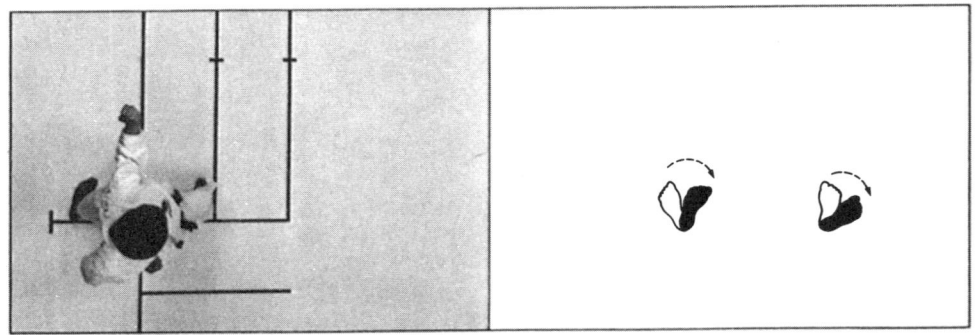

9. 좌 중단팔막기

10 양권 좌측 허리겨누기

좌측 다리서기(좌측 발바닥, 좌측 무릎 옆에 곁들인다)

상체의 위치를 움직이지 않고, 좌족을 중앙(상체의 밑)으로 끌어당겨, 좌측 다리를 축으로 삼고 우측 옆으로 돌아다본다(허리를 우전). 우권(등 앞쪽 향하기)을 좌권 위(등 아래쪽 향하기)에 겹친다.

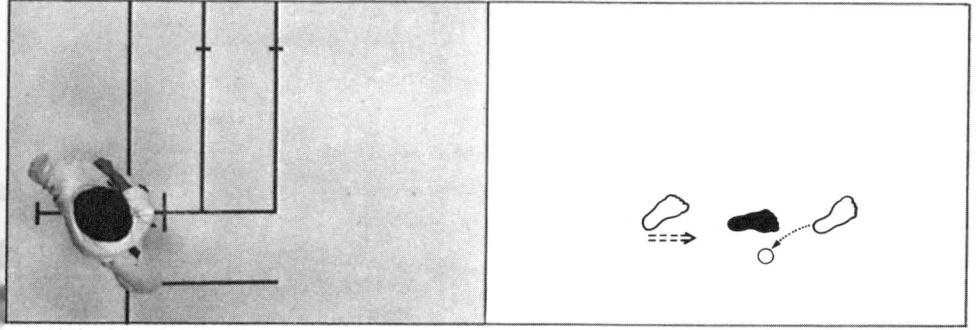

10. 양권 좌측 허리겨누기

제 2 장 관공 83

11. 우 등주먹 상단돌려치기 / 우측 옆차기
좌측 다리서기

등주먹과 차올리기의 동시 공격이므로, 상체는 직립(直立)시킨 채 끝내기하는 것이 중요하다. 상체를 넘기면 등주먹은 미치지 못한다. 10, 11거동은 평안2단 7거동의 기본기를 활용.

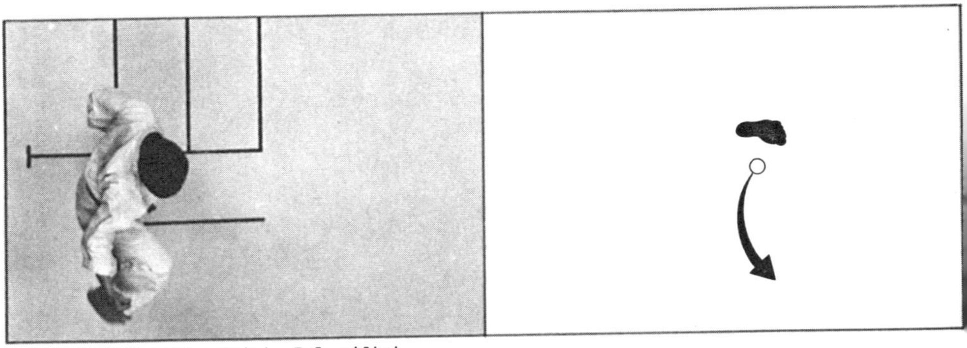

11. 우 등주먹 상단돌려치기 / 우측 옆차기

12. 좌 수도(중단)막기
우 후굴자세

차는 발을 내리고, 뒤로 돌아다본다.

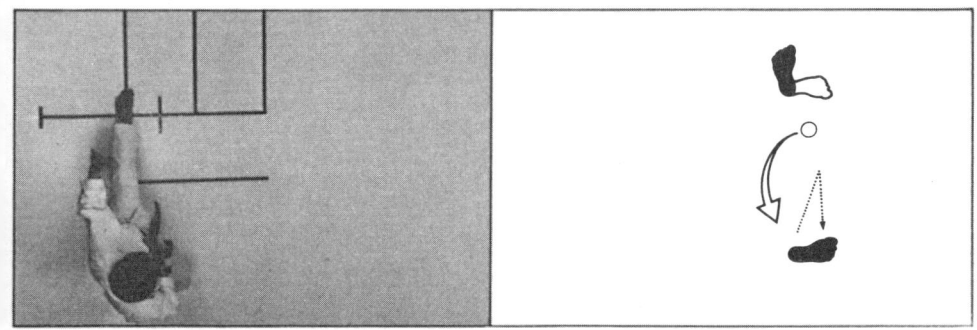

12. 좌 수도(중단)막기

13. 우 수도(중단)막기
좌 후굴자세

한 걸음 전진.

13. 우 수도(중단)막기

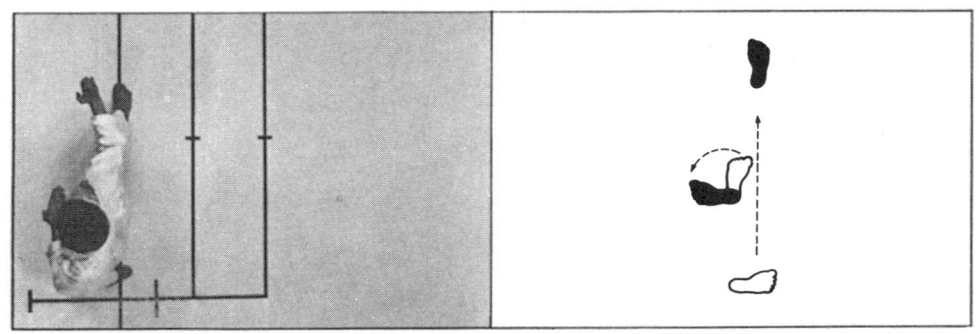

14 좌 수도(중단)막기
우 후굴자세

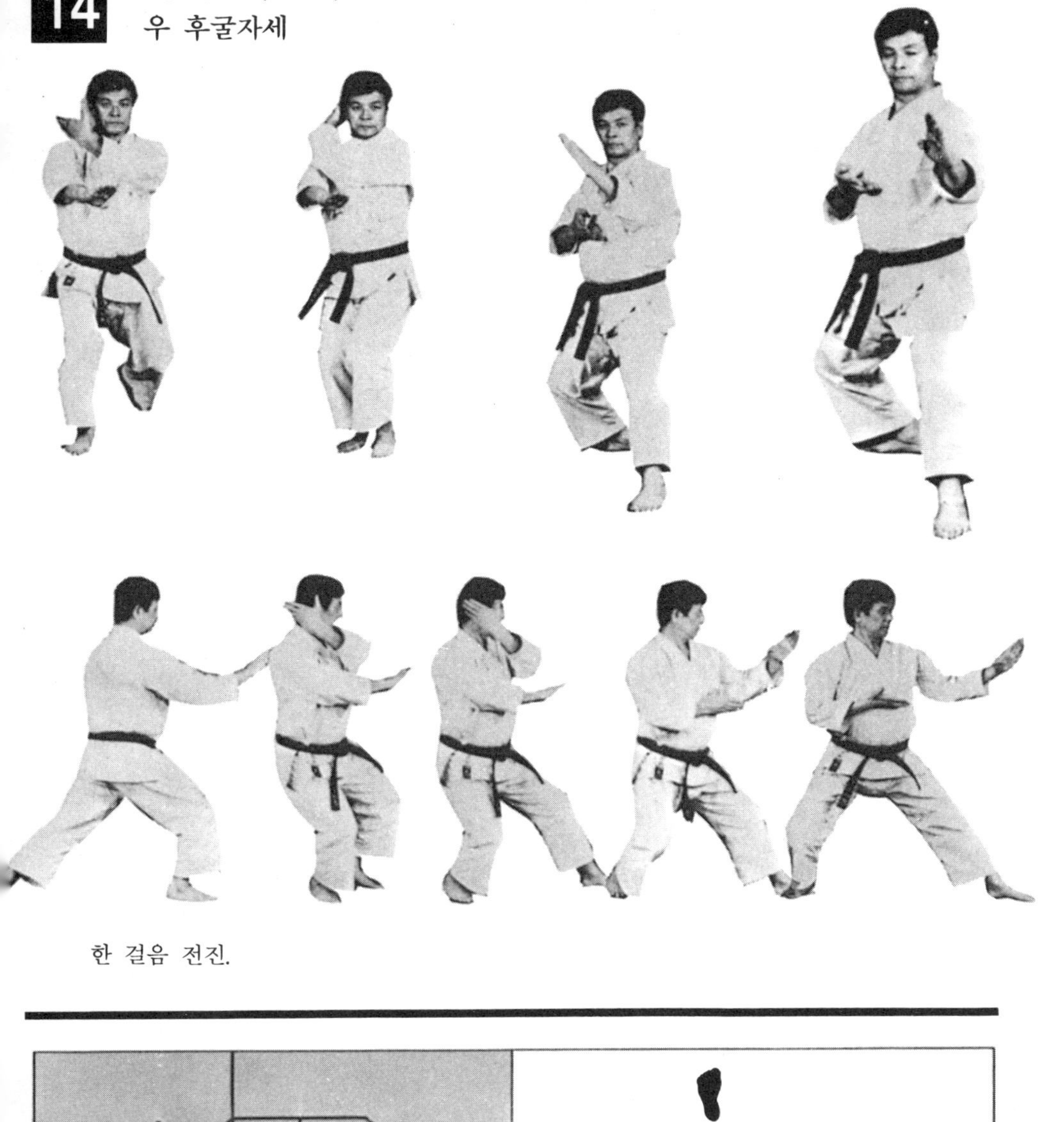

한 걸음 전진.

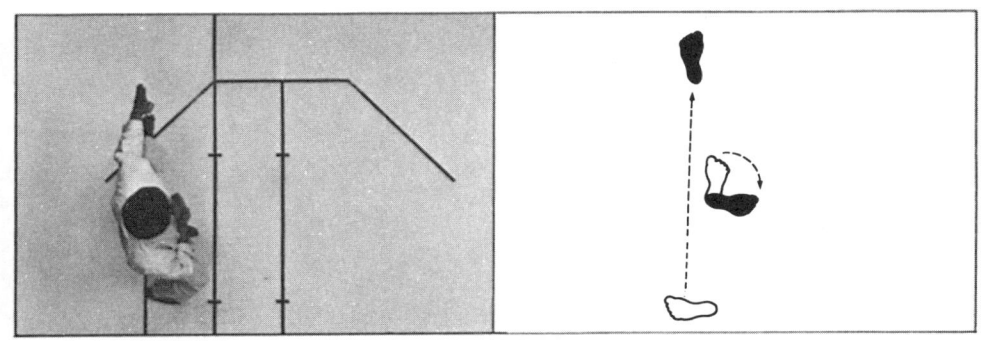

14. 좌 수도(중단)막기

15. 우 관수 중단지르기
왼손바닥 눌러서막기 (등 위쪽 향하기)
우 전굴자세

한 걸음 전진.

15. 우 관수 중단지르기 / 왼손바닥 눌러서막기

16 우 수도 상단돌려치기
왼손바닥 이마앞 상단막기(좌측 등뒤 아래쪽 향하기)
좌 전굴자세 (역반신)

허리를 좌전, 뒤로 돌아다본다.

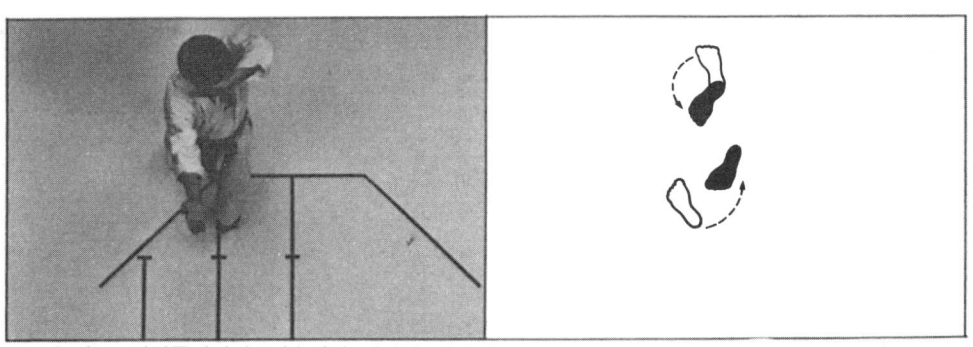

16. 우 수도 상단돌려치기 / 왼손바닥 이마앞 상단막기

17. 상체 그대로인 채 우측 앞차기 좌측 다리서기

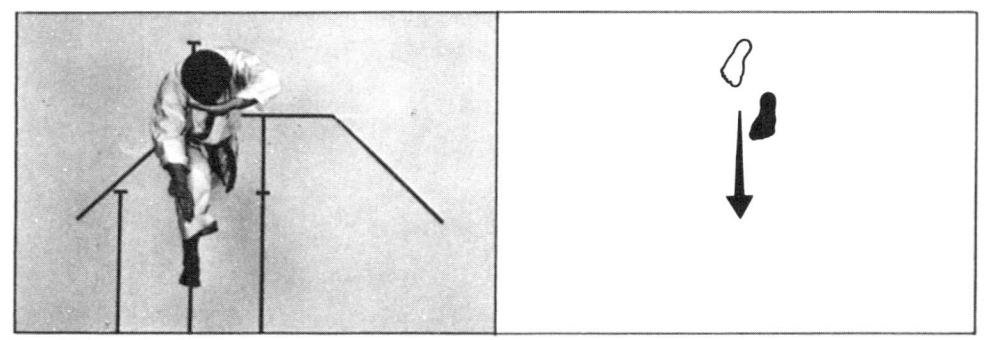

17. 상체 그대로인 채 우측 앞차기

18. 우권 우측 상단안쪽막기 / 좌권 좌측 하단막기
우 후굴자세

우측 차는 발의 접지와 동시에 허리를 좌전. 일단 오른손바닥을 왼팔꿈치 밑에서, 왼손바닥을 오른손바닥으로 어깨 위에서 쥐면서 서로 힘껏 당기도록.

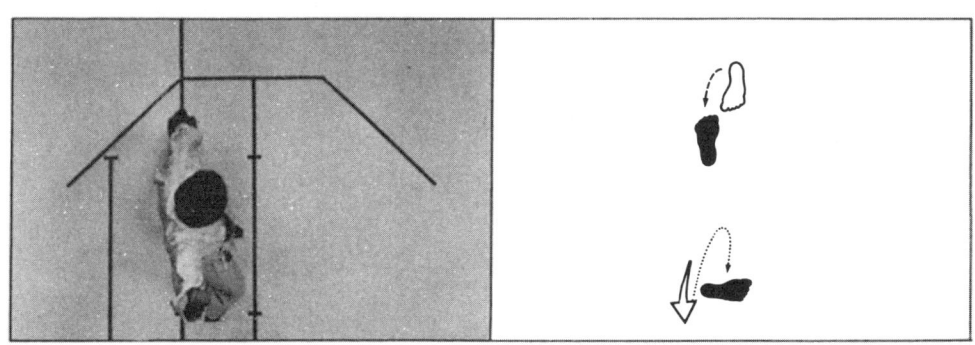

18. 우권 우측 상단안쪽막기 / 좌권 좌측 하단막기

19. 우 관수 하단낭심지르기
(우측 등 아래쪽 향하기, 좌측 등 아래쪽 향하기)
왼손바닥 우측 어깨위 막아넘기기
좌측 무릎굽히기

발의 위치 그대로인 채. 17, 18, 19거동은 이어서 빠르게.

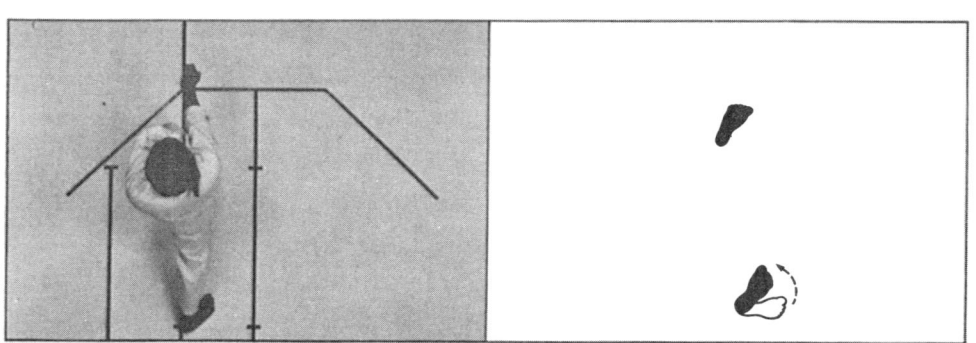

19. 우 관수 하단낭심지르기 / 왼손바닥 우측 어깨위 막아넘기기

20. 좌권 하단으로 뻗는다 / 우권 우측 허리
좌측 앞 자연체

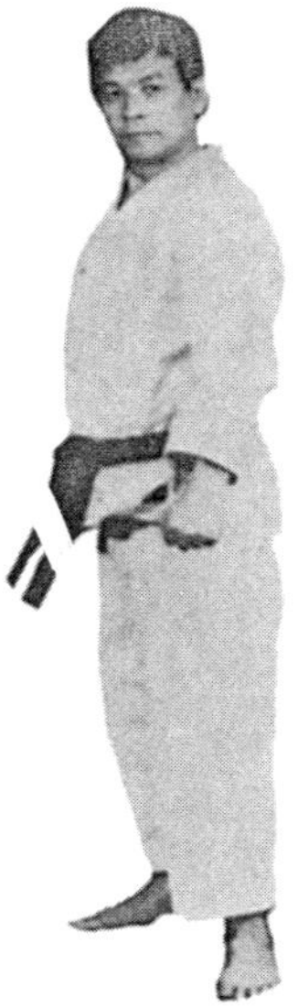

좌우 죄면서 천천히.

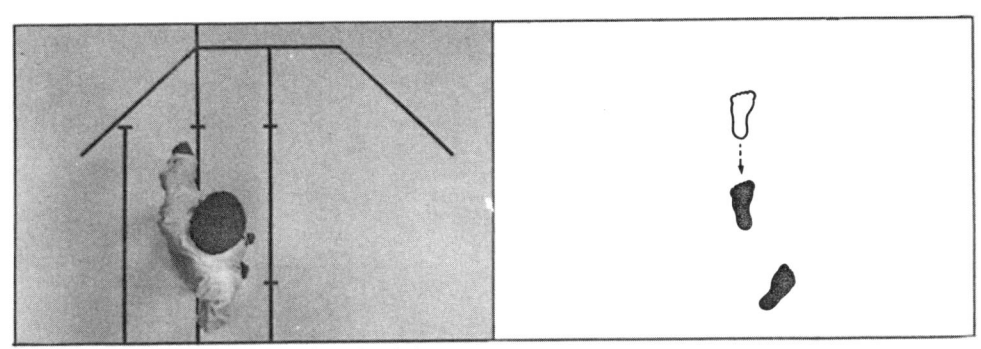

20. 좌권 하단으로 뻗는다 / 우권 우측 허리

21. 우 수도 상단돌려치기
왼손바닥 이마앞 상단막기 / 좌 전굴자세(역반신)

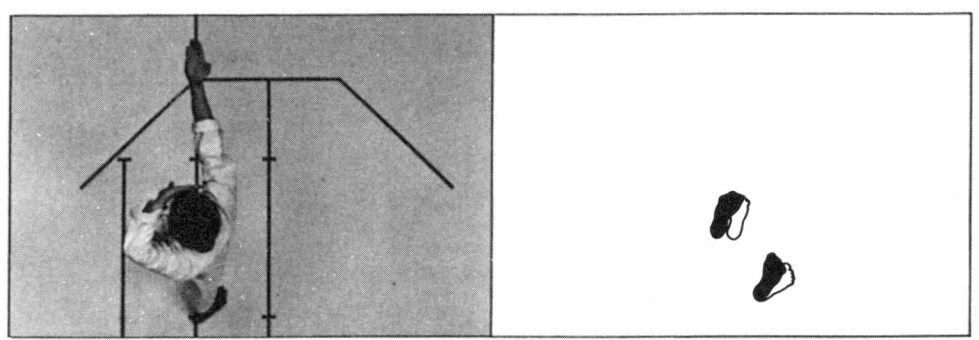

21. 우 수도 상단돌려치기 / 왼손바닥 이마앞 상단막기

22. 상체 그대로인 채 우족 앞차기
좌측 다리서기

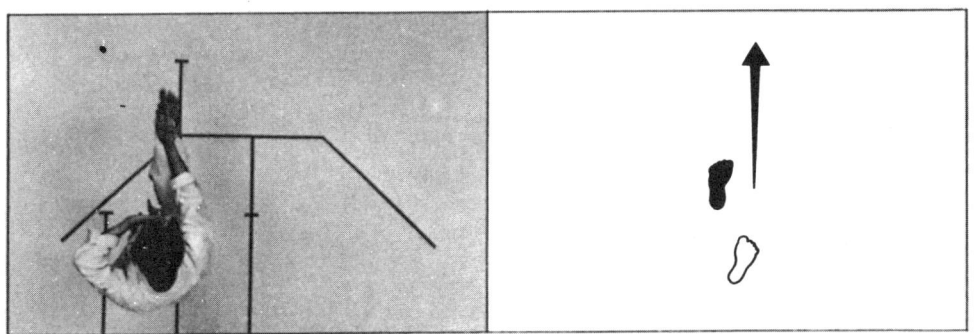

22. 상체 그대로인 채 우족 앞차기

제 2 장 관공

23. 우권 우측 상단팔막기 / 좌권 좌측 하단막기
우 후굴자세

우족 접지와 동시에 좌전.

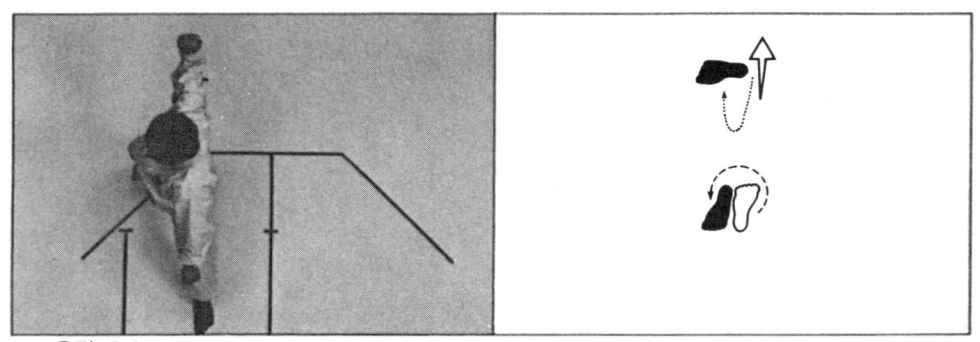

23. 우권 우측 상단팔막기 / 좌권 좌측 하단막기

24 우 관수 하단낭심지르기
왼손바닥 우측 어깨위 막아넘기기 / 좌 전굴자세

발의 위치 그대로인 채.

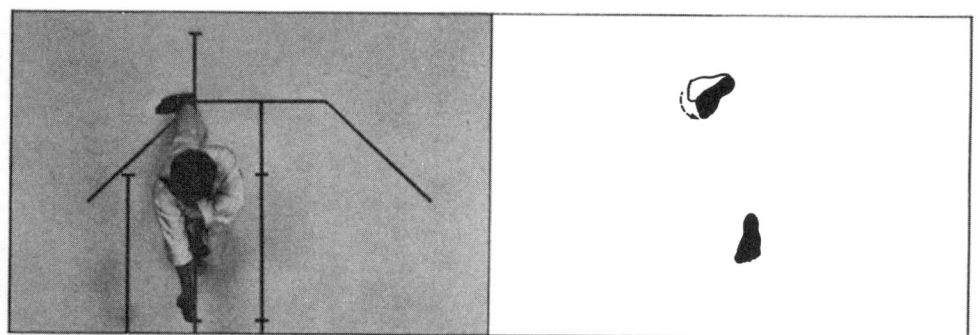

24. 우 관수 하단낭심지르기 / 왼손바닥 우측 어깨위 막아넘기기

25 좌권 하단으로 뻗는다
우권 우측 허리

좌측 앞 자연체

26 양권 우측 허리겨누기
좌권 우권 위

(등 앞쪽 향하기) 우측 다리서기

허리를 좌전, 좌측 옆으로 돌아다본다. 좌측 발바닥 우측 무릎 옆에 곁들인다.

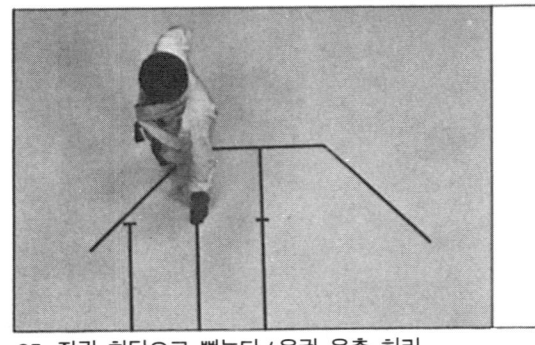

25. 좌권 하단으로 뻗는다 / 우권 우측 허리

27 좌측 등주먹 상단옆치기
좌측 옆차기 / 좌측 다리서기

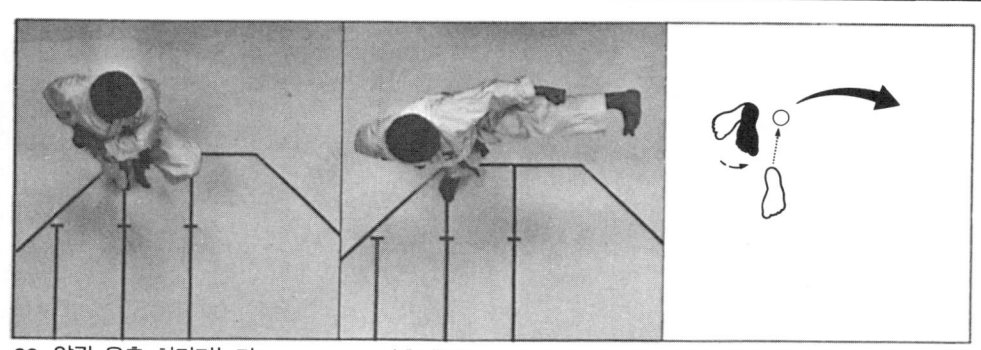

26. 양권 우측 허리겨누기   27. 좌측 등주먹 상단옆치기 / 좌측 옆차기

28. 오른팔꿈치 앞돌려치기 (왼손바닥에 댄다)
좌 전굴자세

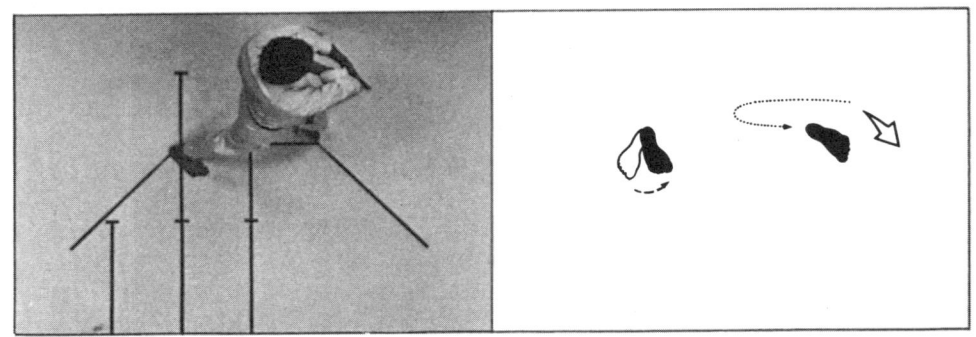

28. 오른팔꿈치 앞돌려치기

29 양권 좌측 허리
좌측 다리서기

허리를 우전, 우측 옆으로 돌아다본다.

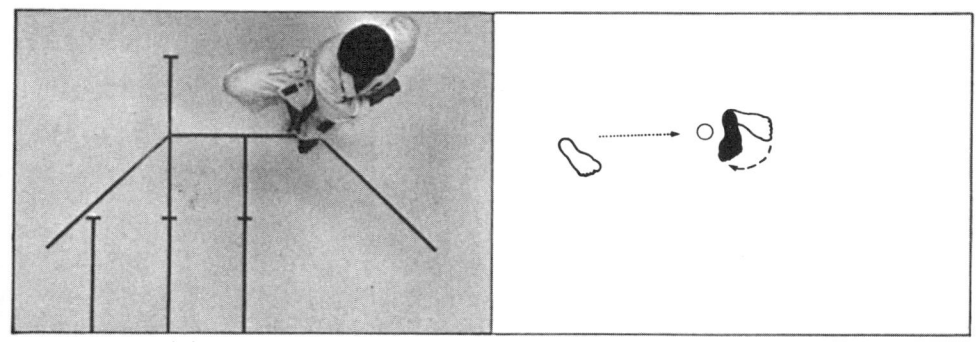

29. 양권 좌측 허리

30. 우 등주먹 상단옆치기
우족 옆차기 / 좌측 다리서기

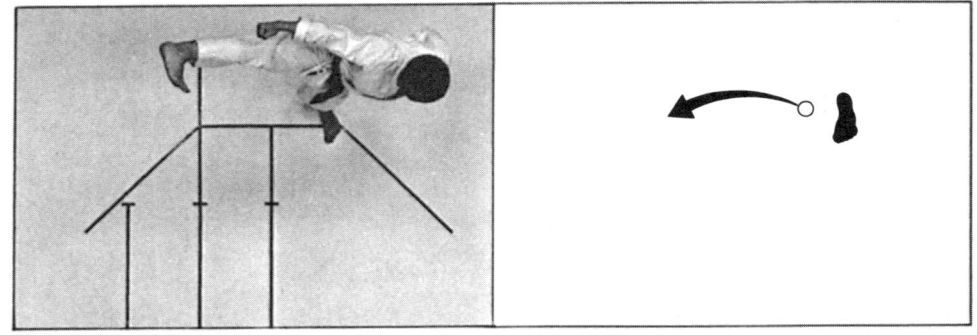

30. 우 등주먹 상단옆치기

31. 왼팔꿈치 앞돌려치기
우 전굴자세

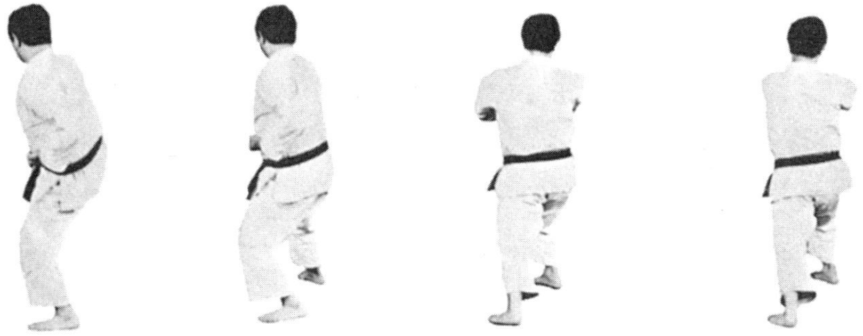

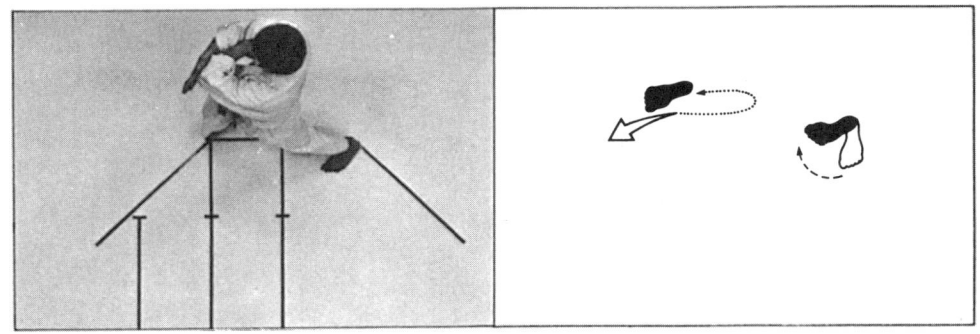

31. 왼팔꿈치 앞돌려치기

제 2 장 관공 103

32 좌 수도막기
우 후굴자세

발의 위치 그대로인 채 허리를 좌전, 뒤로 돌아다본다.

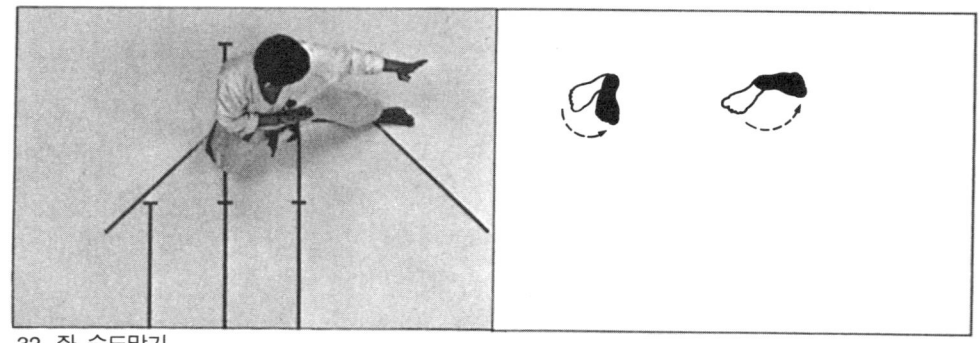

32. 좌 수도막기

33 우 수도막기
좌 후굴자세

좌측 다리 축, 우족 비스듬히 앞으로 한 걸음 내보낸다.

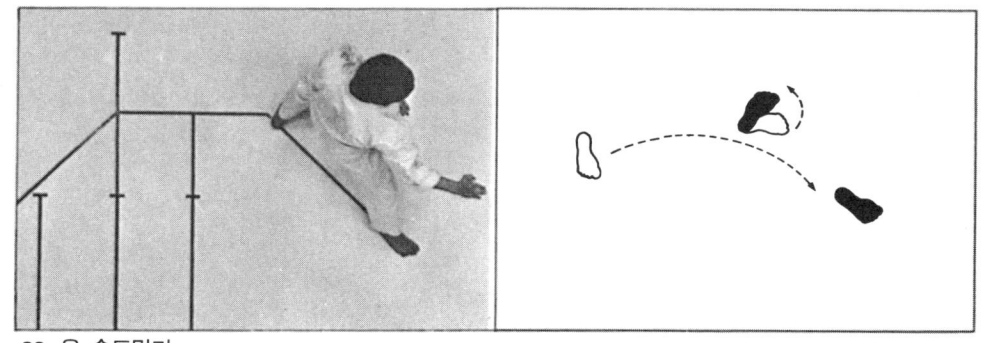

33. 우 수도막기

제 2 장 관공 105

34. 우 수도막기
좌 후굴자세

좌측 다리 축, 허리를 우전.

34. 우 수도막기

우측 다리 축, 좌족 비스듬히 앞으로.

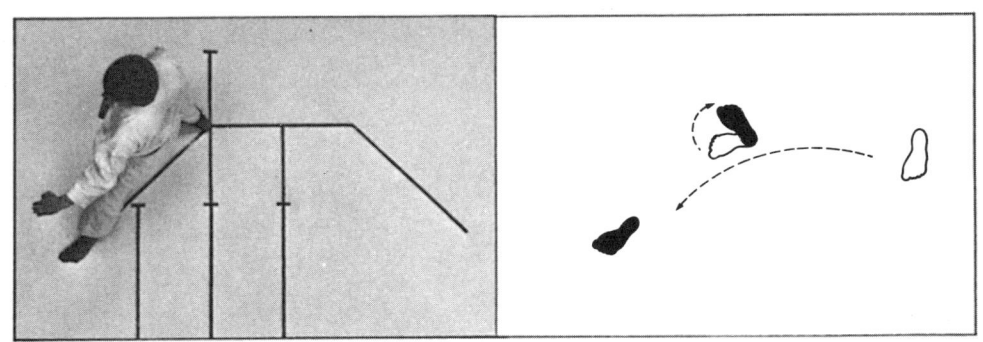

35. 좌 수도막기

제 2 장 관공 107

36. 우 수도 상단목치기
왼손바닥 이마앞 상단막기 / 좌 전굴자세(역반신)

우측 다리 축, 허리를 좌전.

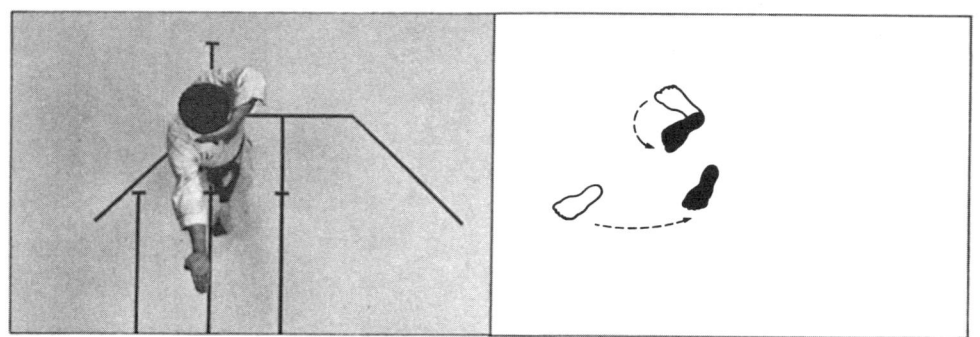

36. 우 수도 상단목치기 / 왼손바닥 이마앞 상단막기

37. 우족 앞차기
좌측 다리서기

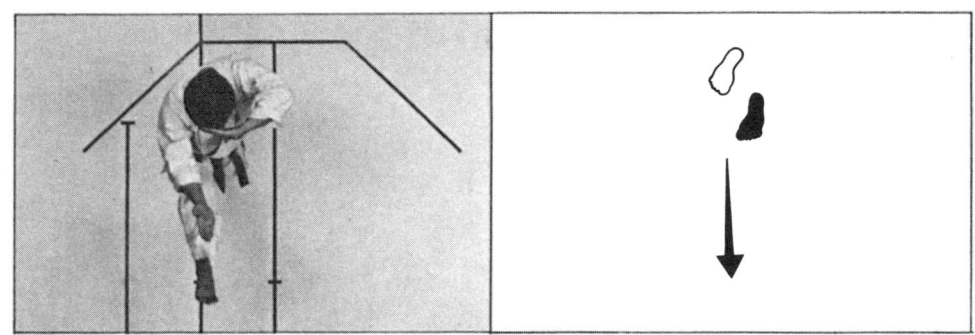

37. 우족 앞차기

제 2 장 관공

38. 우 등주먹 돌려치기 / 좌권 좌측 허리
우측 다리앞 교차서기(좌족을 우족 뒤로 교차)

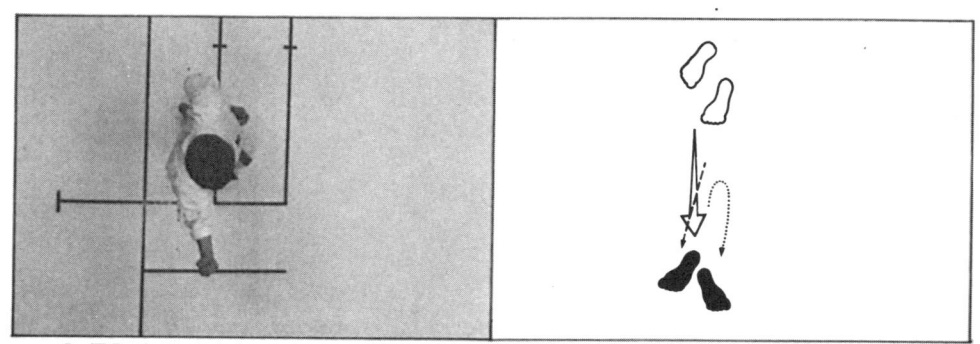

양권은 세로로 돌린다. 차는 발을 재빨리 좌측 무릎 옆으로 당기고, 좌측 발목의 탄력을 살려서 한 걸음 반 크게 뛰어든다. 36, 37, 38거동은 평안4단의 11, 12 거동의 기본기를 충분히 활용해야 한다.

38. 우 등주먹 돌려치기 / 좌권 좌측 허리

39 우 중단팔막기
우 전굴자세

좌족을 한 걸음 물러나고, 우 전굴자세. 팔꿈치의 위치 그대로인 채 우권을 왼팔꿈치 밑에서 돌려 앞팔을 세우듯이 팔막기.

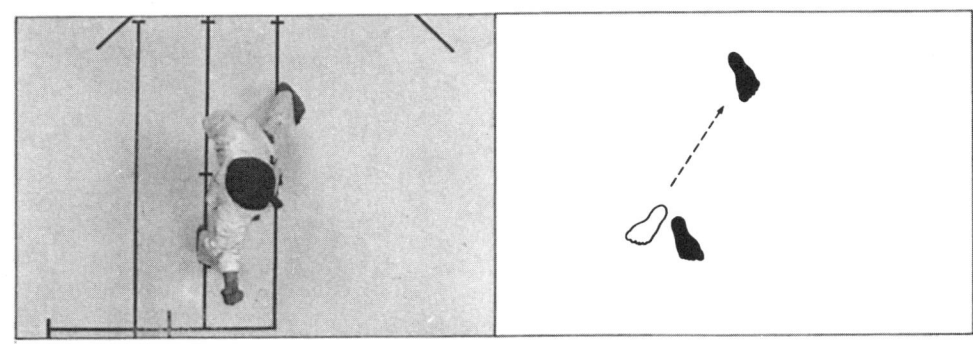

39. 우 중단팔막기

제 2 장 관공

40 좌 중단(역)지르기
우 전굴자세

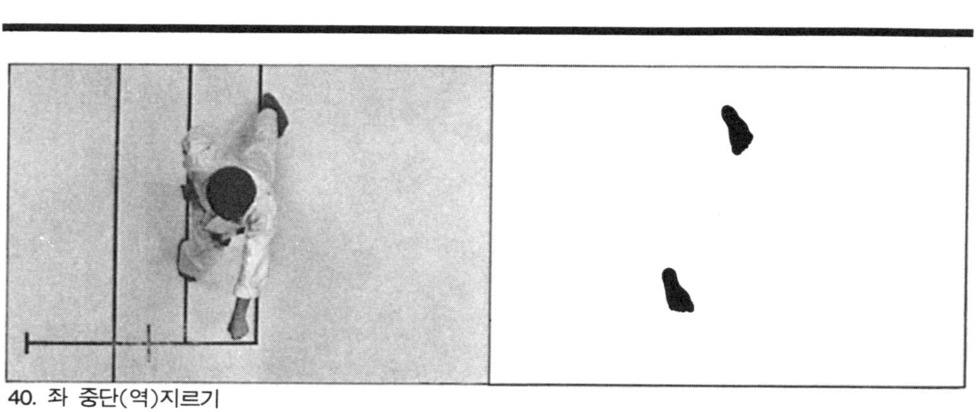

40. 좌 중단(역)지르기

41. 우 중단(바로)지르기
우 전굴자세

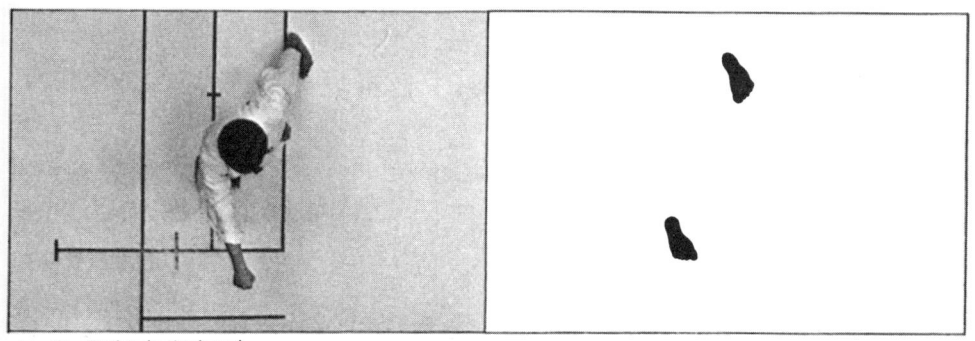

41. 우 중단(바로)지르기

42. 우측 뒤지르기 / 왼손바닥 우측 손목옆 곁들이기 / 우측 무릎대기 / 좌측 다리서기

허리를 좌전, 뒤로 돌아다보고 우측 무릎을 높이 올린다. 양손을 우측 대퇴의 양측에서 문질러 올린다. 우측 무릎과 오른팔꿈치의 간격은 주먹 하나 이상 벌리지 않도록.

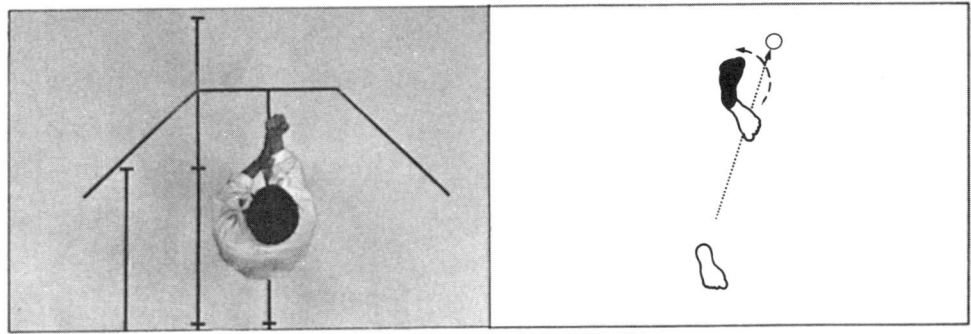

42. 우측 뒤지르기 / 왼손바닥 우측 손목옆 곁들이기 / 우측 무릎대기

43 양손바닥 팔꿈치 세워 엎드리기
우측 앞쪽 엎드리기

좌족을 앞쪽으로 내리고, 엎드리기자세. 양손바닥은 안쪽 팔자로 접지하고, 눈은 4m 정도 앞쪽을 본다. 좌족은 발뒤꿈치를 띄우고 발끝서기가 되지 않도록. 42, 43거동은 일단 세게 뒤지르기로 끝내기하고, 상체직립, 이어서 신속히 몸을 앞으로 쓰러뜨린다.

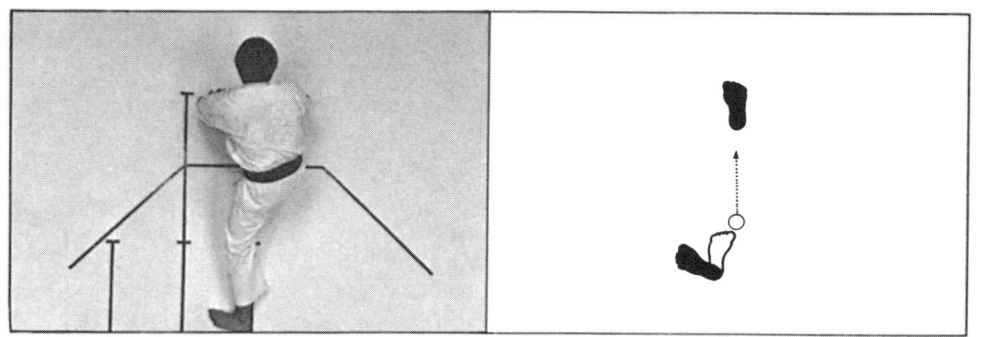

43. 양손바닥 팔꿈치 세워 엎드리기

제 2 장 관공 115

44

좌 수도 하단막기 (등 위쪽 향하기)
우 수도 가슴앞 겨누기 (등 아래쪽 향하기)
우 후굴자세 (나직하게)

허리를 좌전, 뒤로 돌아본다.

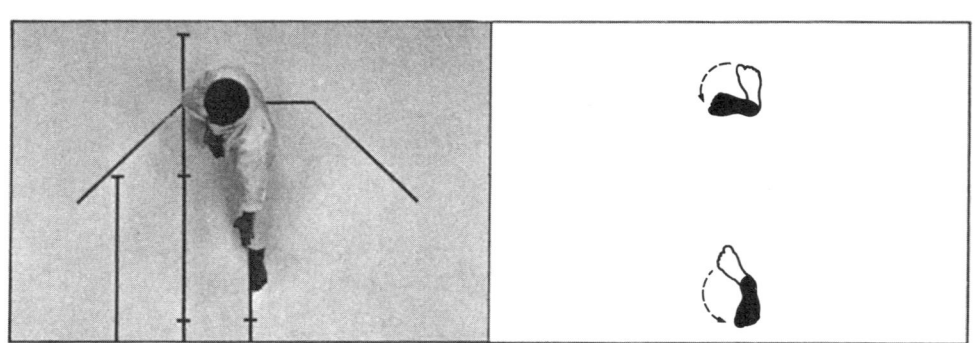

44. 좌 수도 하단막기 / 우 수도 가슴앞 겨누기

45. 우 수도막기
좌 후굴자세

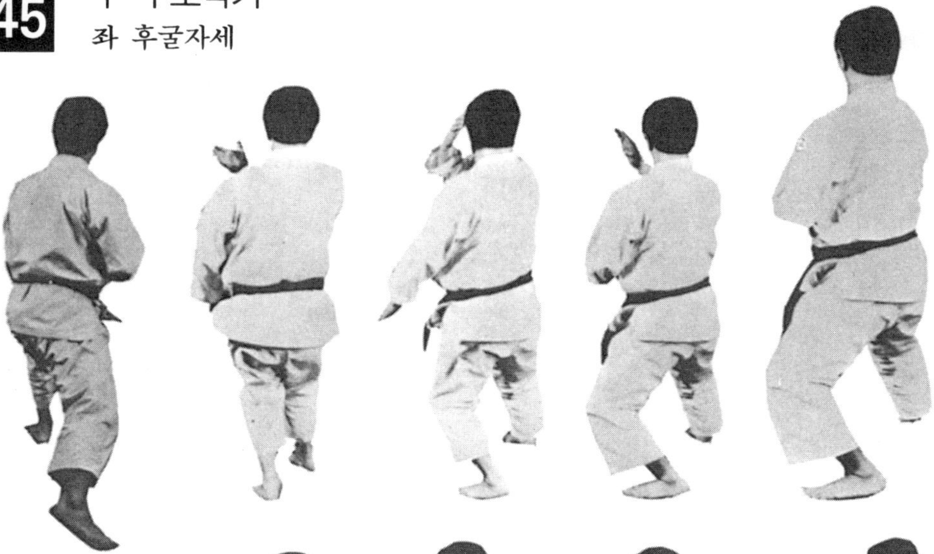

우족을 한 걸음 앞으로 내보낸다.

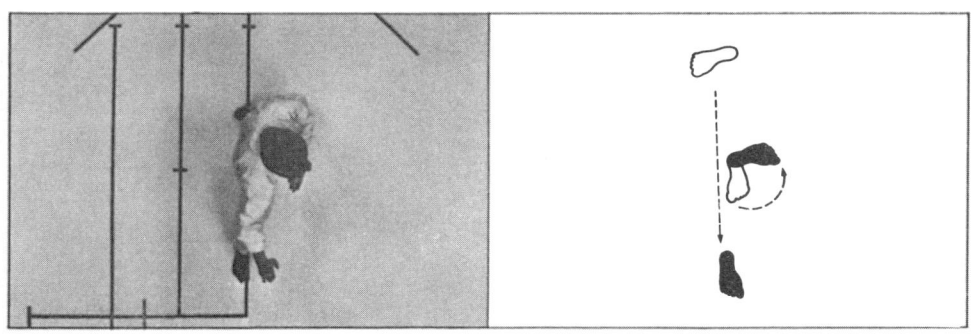

45. 우 수도막기

46 좌 중단팔막기
좌 전굴자세

우측 다리 축, 허리를 좌전.

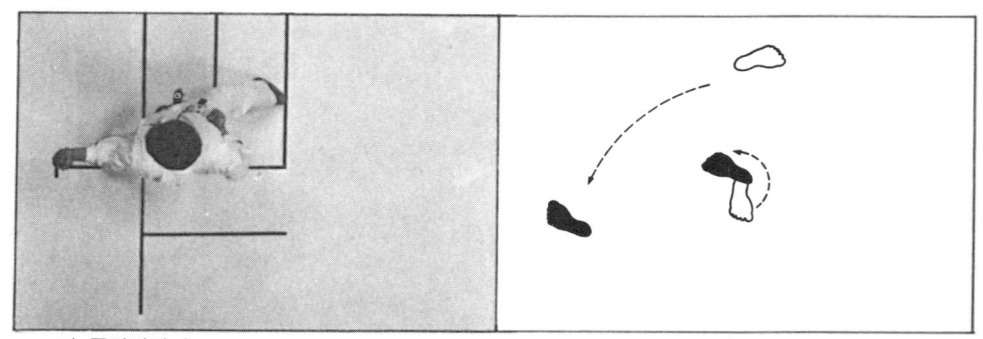

46. 좌 중단팔막기

47 우 중단(역)지르기
좌 전굴자세

47. 우 중단(역)지르기

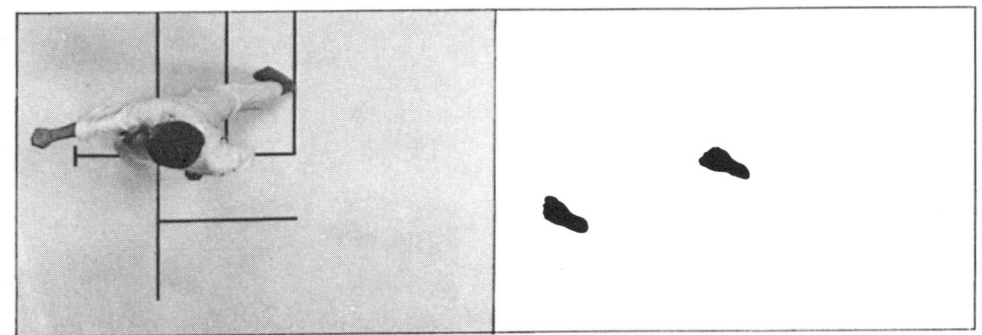

48. 우 중단팔막기
우 전굴자세

좌측 다리 축, 허리를 우전.

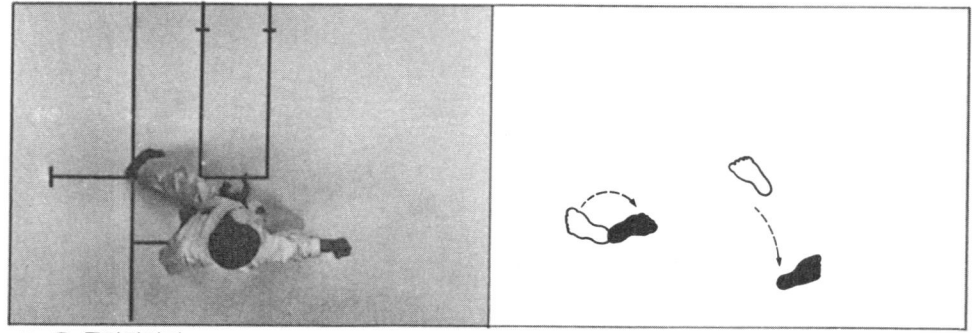

48. 우 중단팔막기

| **49** | 좌 중단(역)지르기
우 전굴자세 | **50** | 우 중단(바로)지르기
우 전굴자세 |

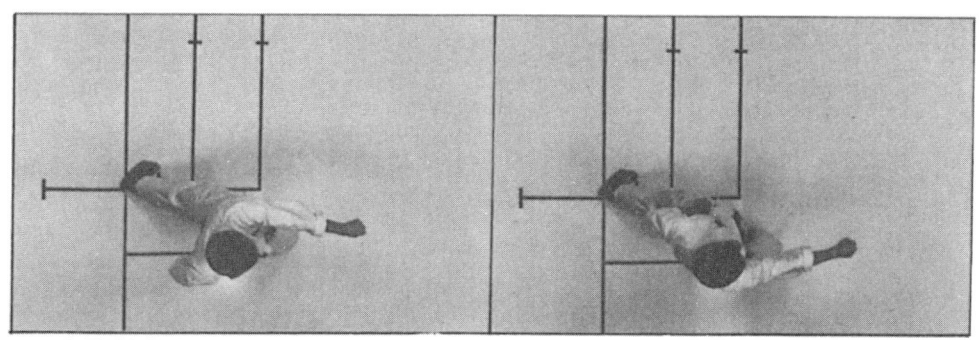

49. 좌 중단(역)지르기　　　　　　50. 우 중단(바로)지르기

51. 양권 좌측 허리
좌측 다리서기 (우측 발바닥 좌측 무릎옆 곁들이기)

상체의 방향 그대로인 채, 좌족의 위치를 바꾸지 말고, 우족을 좌측 무릎 옆으로 당겨서 올린다.

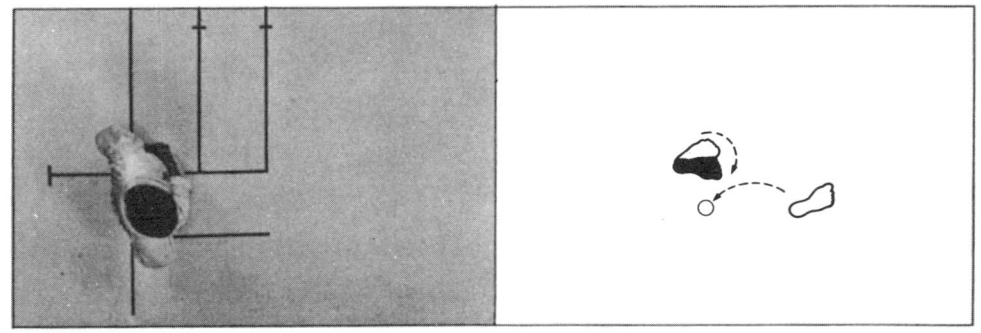

51. 양권 좌측 허리

52. 우 등주먹 상단옆차기
우족 옆차기 / 좌측 다리서기

52. 우 등주먹 상단옆차기 / 우족 옆차기

제 2 장 관공

53. 좌 수도막기
우 후굴자세

차는 발은 뒤쪽으로 접지. 허리를 좌전, 뒤로 돌아다본다.

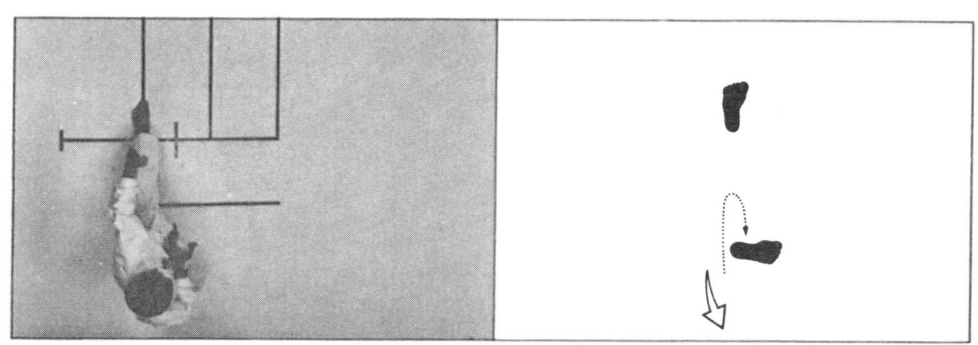

53. 좌 수도막기

54 우 관수 중단지르기
왼손바닥 눌러막기(우측 팔꿈치 아래쪽)
우 전굴자세

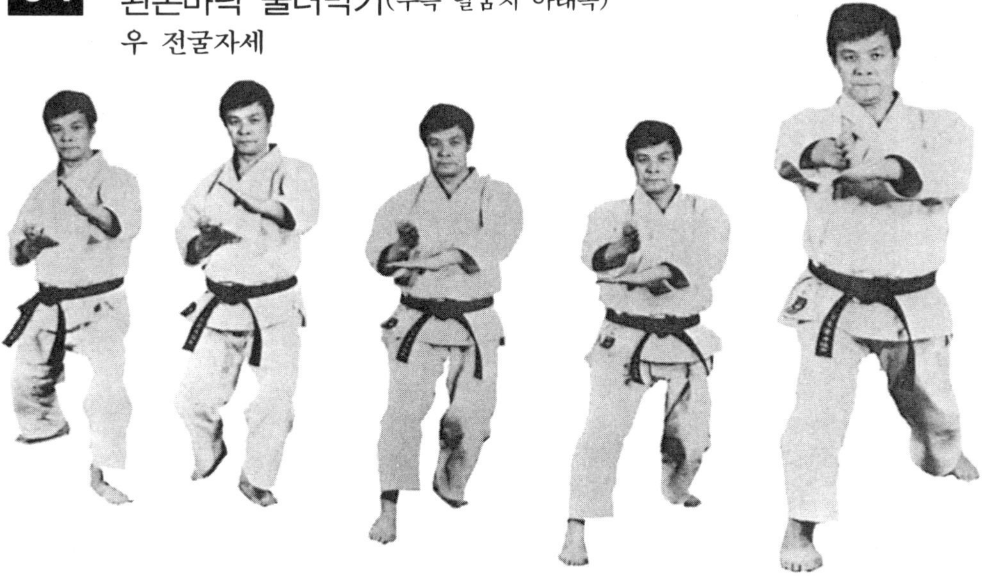

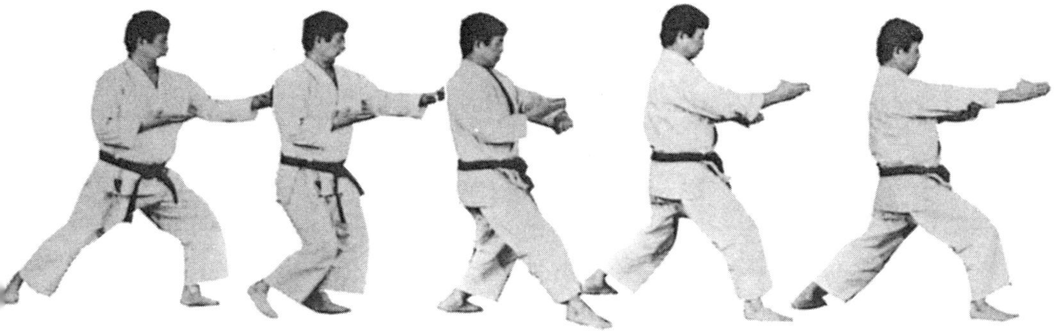

우족 앞으로 내보내기.

54. 우 관수 중단지르기 / 왼손바닥 눌러막기

55 좌 등주먹 돌려치기 / 우권 우측 허리
기마자세

우족 축을 크게 좌전. 좌족을 크게 한 걸음 앞으로 내보내 우족과 나란히 하고 기마자세가 된다. 오른손바닥의 손목을 우측으로 비틀고, 오른손바닥을 중심으로 상체를 비틀면서 돌린다.

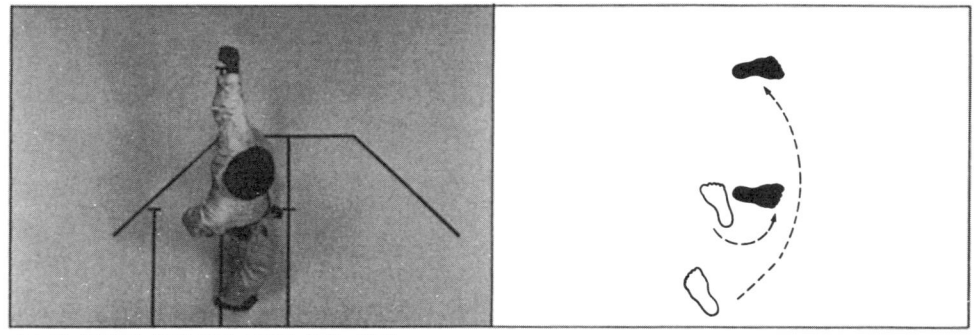

55. 좌 등주먹 돌려치기 / 우권 우측 허리

제 2 장 관공

56 좌 권추 중단옆치기
그대로인 채 좌측으로 보내기 발

일단 좌권을 우측 어깨 앞에서 돌리고.

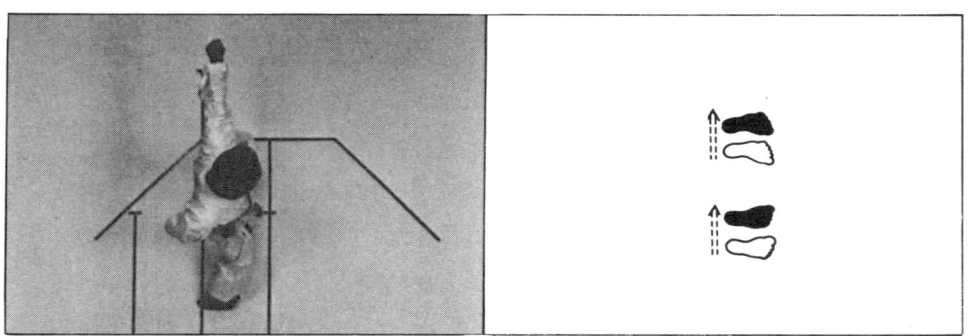

56. 좌 권추 중단옆치기

57. 오른팔꿈치 앞돌려치기 (왼손바닥에 댄다)
기마자세

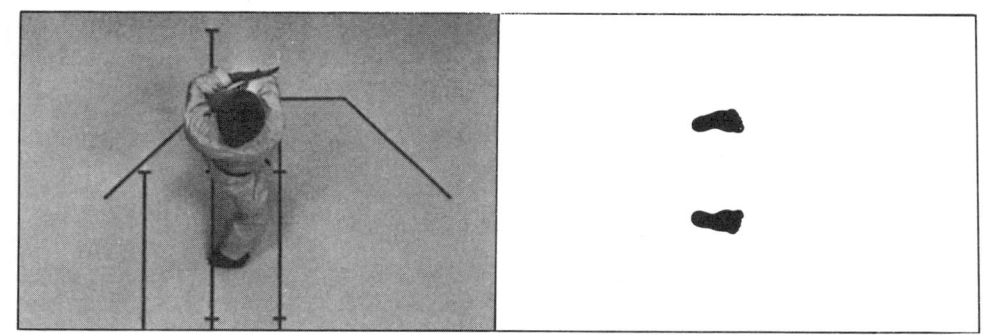

57. 오른팔꿈치 앞돌려치기

58 양권 좌측 허리 (우권을 위에 겹치는 등 앞쪽 향하기)
기마자세

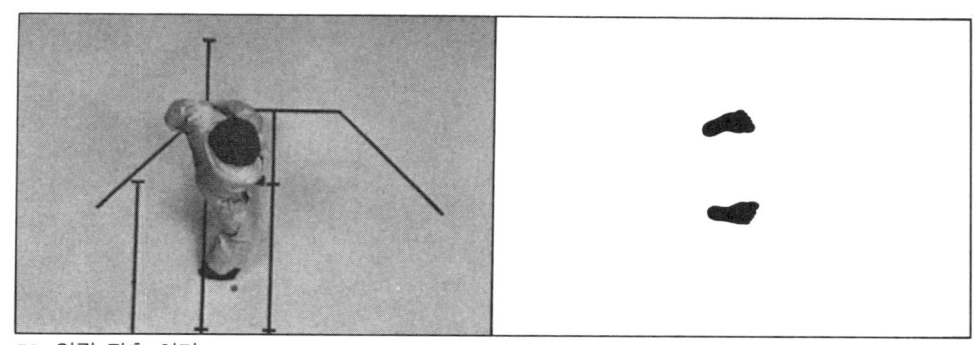

58. 양권 좌측 허리

59 우 하단막기
기마자세

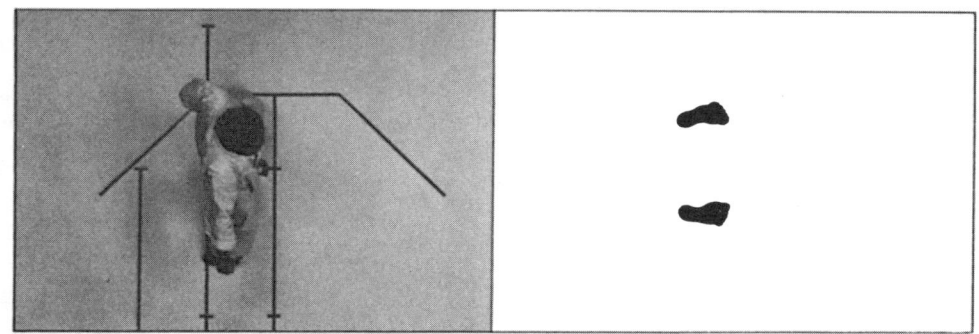

59. 우 하단막기

60 좌권 하단막기 (등 뒤쪽 향하기)
우권 치켜올리기 (등 뒤쪽 향하기)
기마자세

우족 축, 허리를 크게 우전. 좌측 무릎을 높이 들고 좌족을 세게 내딛는다. 좌권은 크게 머리 위에서 돌리며 휘둘러 내리고, 동시에 우권은 위로 치켜올린다.

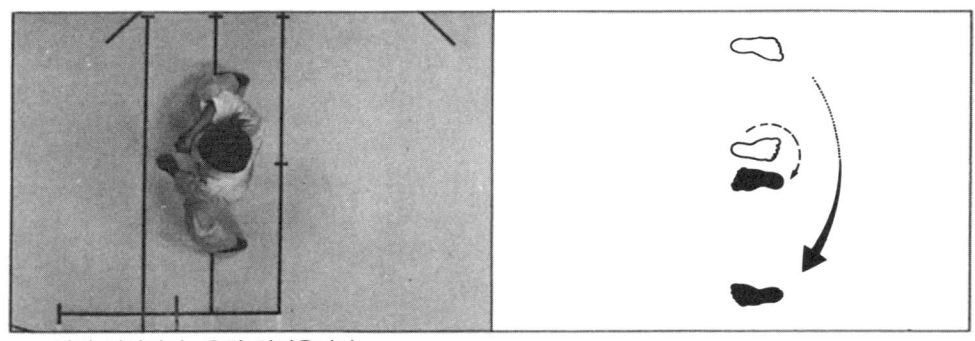

60. 좌권 하단막기 / 우권 치켜올리기

61 우권 떨어뜨려 지르기
기마자세

우권을 좌권(등 바깥쪽 향하기) 뒤로 손목이 교차하도록(왼손목이 위가 된다).

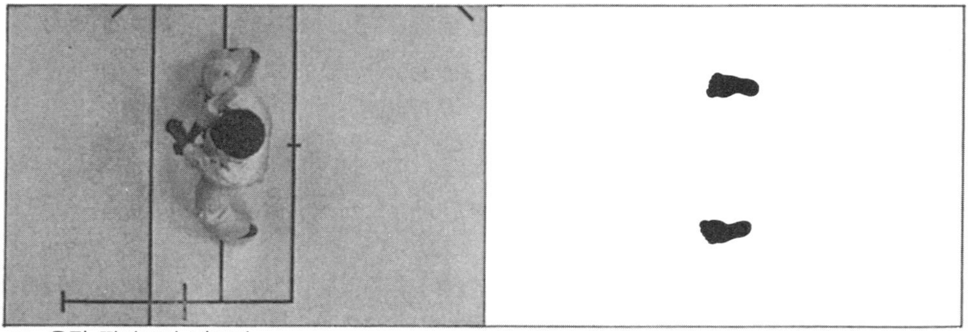

61. 우권 떨어뜨려 지르기

62. 양손바닥 머리위 교차막기 (등 안쪽 향하기)
자연체

무릎을 펴고 자연체가 된다.

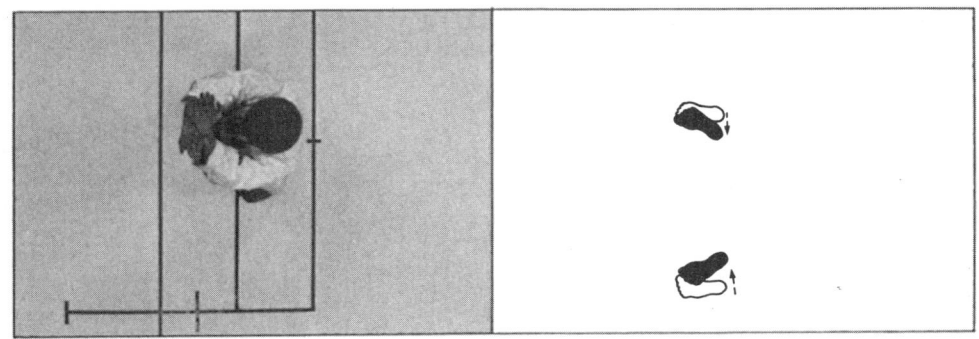

62. 양손바닥 머리위 교차막기

제 2 장 관공

63. 양권 턱앞 교차
우 전굴자세

우측 다리 축, 허리를 크게 우전, 좌족을 옮기고 뒷정면으로 돌아다본다. 양손 바닥을 교차한 채 꽉 쥐고 천천히 턱앞에 내린다.

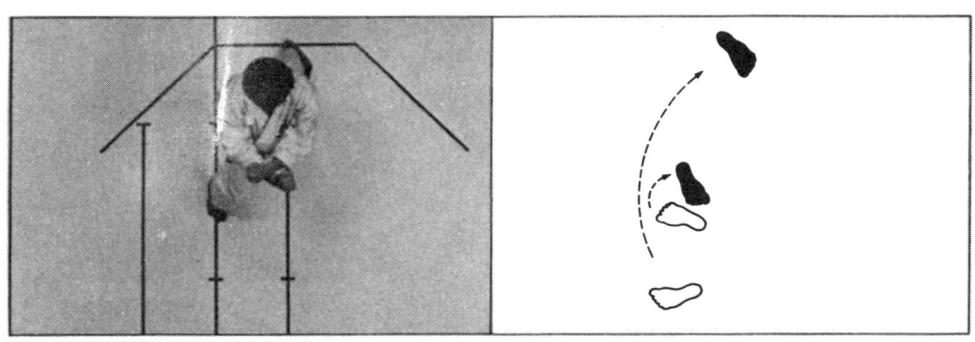

63. 양권 턱앞 교차

제 2 장 관공

64. 2 단차기
우 전굴자세

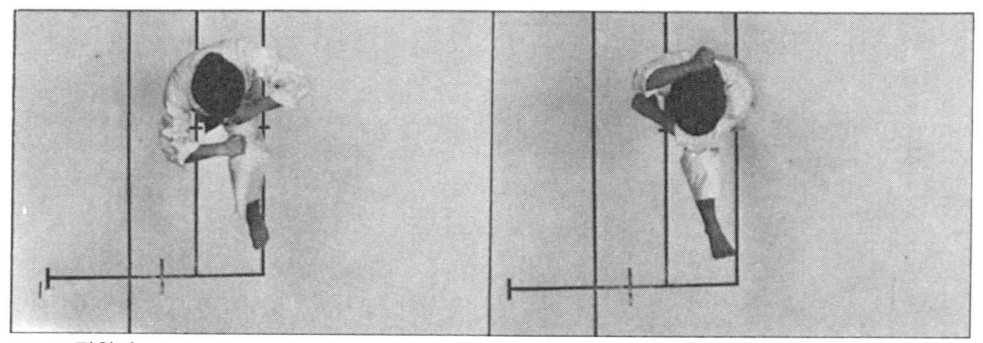

64. 2 단차기

65. 우 등주먹 세로 돌려치기 / 좌권 좌측 허리
우 전굴자세
바로

등주먹치기가 끝내기 되었을 때, 두 발은 지상에 착지하고 우 전굴자세.

우측 다리를 축으로 삼고 우측 돌기, 좌족을 옮기고 일직선에 나란히 하면서, 오른팔로 하단 →

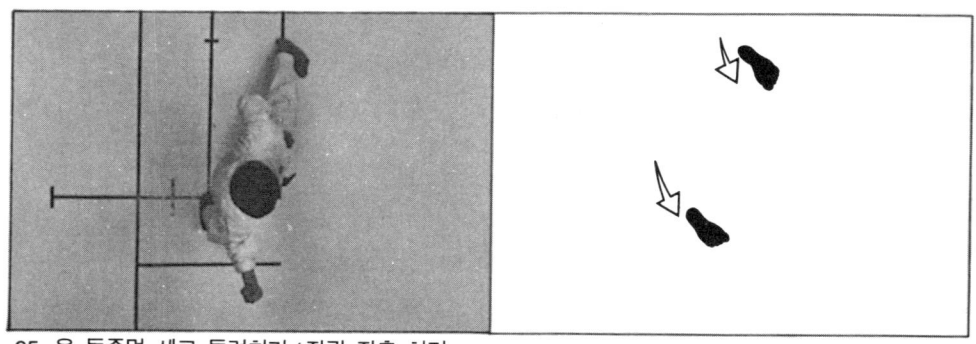

65. 우 등주먹 세로 돌려치기 / 좌권 좌측 허리

→ 을 안쪽에서 털어 버리듯이 돌리면서 좌우 양권을 크게 원을 그리면서 돌리고, 안쪽으로 교차하면서 조용히 내리고 자연체로 되돌아간다. 개시는 양손을 조용히 크게 바깥쪽으로 원을 그리면서 돌리고, 끝은 크게 원을 닫는 것처럼 돌린다.

바로 　　　　　　　　　　　　　팔자서기자세

제 2 장 관공 141

관공의 포인트

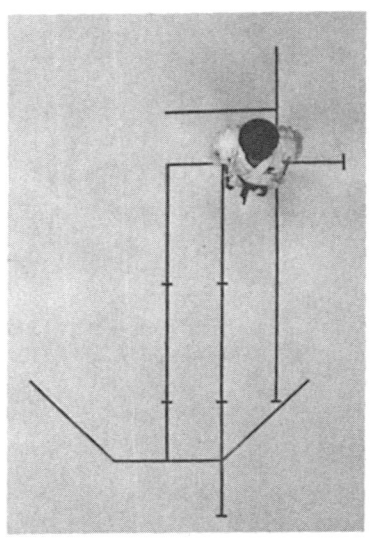

관공(觀空) 65거동 약1분반으로 끝냄

이 형은 공수의 형 중에서 가장 좋은 것의 하나이며, 사방팔방으로 8명의 적을 가상하여 각 방면에서의 여러 가지 공격을 다루고, 막아서 반격하는 것으로 아주 변화가 많은 형이다. 후나고시 선생이 가장 즐겨 연무하던 대표적인 것이다. 기술의 완급, 힘의 강약, 몸의 신축은 말할 것 없고, 회전·뛰어오르기·엎드리기 등을 충분히 잘 다룰 수 있게 해야 한다.

이 형은 중국 명조(明朝)의 사절 수행원으로 권법의 달인인 공상군(公相君)의 이름을 딴 것이다. 후나고시 선생은 쇼와(昭和) 초년, 종래의 형의 명칭으로 의미가 분명치 않은 것과, 중국식의 불가해한 것, 적당치 않다고 생각되는 것은 모두 고로(古老)의 형용 등도 참작해서 일본명으로 개칭했다. 이 형도 처음의 양손바닥을 맞붙이고 하늘을 쳐다보는 수가 있으므로 관공이라고 이름을 지었다.

관공의 리듬

1·2 3·4 5·6·7 8·9 10·11 12 13 14 15▲ 16 17·18·19 20 21 22·23·24 25
26·27·28 29·30·31 32 33 34 35 36 37·38 39·40·41 42·43 44 45 46·47 48·49·50 51·52
53 54 55·56 57 58 59 60·61 62 63 64·65▲

거동 1, 2 : 호흡을 가다듬기 위한 것이며, 또 아무것도 무기를 갖지 않았음을 나타내는 것과 같이 방광을 지키는 기분도 내포하고 있다. 음양은 둘이면서도 하나이고, 하나이면서도 둘이라는 의미를 갖고 있다. 무한대의 우주, 대자연 속에 자신을 융합시켜 조용한 경지에 잠기는 심경이 되는 것이 중요하다. 조용히 원(하늘)을 벌리기 시작하는 것 같은 기분으로.

거동 10, 11 : 상체의 위치를 움직이지 않고, 좌족을 중앙 상체 바로 밑으로 끌어당겨, 방향전환하는 것과 동시에 옆차기, 등주먹치기의 반격. 평안2단의 거동7과 같다.

거동 17, 18, 19 : 이어서 빠르게. 앞차기는 스냅을 살려서 되끌어오고, 허리의 염을 세게, 빠르게.

거동 38 : 한 걸음 뛰어들자마자 우족을 굽혀서 체중을 받치고, 좌족을 우족 뒤에 가볍게 곁들여 교차서기, 동시에 왼손은 한 번 뻗어서 물건을 잡아 끌어당기는 기분으로 허리를 잡고, 오른손은 배에서 가슴으로 문질러 올리듯이 돌리면서 등주먹치기로 상단을 친다. 손발 동시에 끝내기할 수 있도록 평안4단 거동13의 요령.

거동 42

거동 43

거동 42 : 좌측 다리를 축으로 삼고 좌전, 뒤쪽으로 돌아다보는 것과 동시에 우측 무릎을 높이 들고, 양손바닥은 우측 대퇴 좌우 양쪽에서 문질러내는 것처럼 하여 우권(등 아래쪽)의 손목에 왼손바닥을 곁들인 양손을 쑥 내민다. 올린 우측 무릎과 오른손 팔꿈치는 주먹 하나 정도의 간격. 넓게 떼어놓게 되면 양손으로 상대의 손목을 잡아 관절을 꺾으면서 끌어내리고, 무릎을 들어 상대의 팔꿈치를 강타할 수 없다.

거동 43 : 우족 앞굽히기, 양손바닥은 가볍게 땅에 붙이고 엎드리는 자세. 다만, 얼굴은 4m 정도 앞쪽을 응시하는 기분으로 약간만 든다. 이 때 허리가 높이 뜨지 않도록 주의할 것. 거동 42, 43은 지루하게 이어지지 않도록. 일단 거동42 로 멋지게 끝내기하고, 그런 다음 민속하게 쓰러져 엎드린다.

제 2 장 관공 143

관공의 포인트

거동 55

거동 51 : 거동50의 자세는 이미 옆차기의 방향이 되어 있으므로 허리를 돌릴 필요가 없다. 그대로인 채 좌족의 위치를 바꾸지 말고, 좌족을 좌측 무릎 옆으로 문질러올려 옆차기, 등주먹치기의 준비자세가 된다.

거동 55 : 오른손을 우측 돌기로 역으로 비틀었을 때, 상체를 앞으로 내면서 오른손을 우측 어깨 위에 몸과 같이 팔꿈치를 중심으로 비틀어 돌리고, 우측 다리를 축으로 삼아 좌측 돌기로 좌족을 앞쪽으로 옮긴다. 오른손은 상대에게 잡혀 있으므로, 이것은 이동시키지 말고 반대로 상체를 오른손으로 끌어당기도록.

거동 62, 63

거동 60: 우권의 치켜올리기는 특별한 의미는 없다. 좌권을 머리 위에서 돌려 휘둘러 내리는 반동으로서 치켜올린다.

거동 62, 63: 상단 교차받기한 뒤, 양손바닥을 중심으로 몸을 우측으로 돌리고, 상대의 손목을 잡아 양손을 밑으로 내려, 우측 어깨로 상대의 관절을 꺾는다.

거동 65: 2 단차기의 착지 때, 왼손으로써 앞의 물건을 잡아당기는 기분으로 좌권을 좌측 허리로 당기고, 우권은 배에서 가슴을 문질러 올리듯이 크게 돌려 세로 등주먹의 상단치기. 손의 끝내기 때 두 발은 동시에 착지하도록.

바로!(끝): 우측 다리를 축으로 삼고 우측 돌기, 오른팔로 하단을 안쪽에서 털어버리는 것처럼 돌리면서 좌족이 우족에 나란히 할 때, 양권은 자연히 대퇴 앞에 드리워진다. 또 시작은 원을 밖으로 벌리기 시작하는 것에 대해, 반대로 원을 그려서 닫는 기분으로.

무술 · 내공 · 건강 전문도서

서림 무술 시리즈

❶ 종합 태권도전서　　　　　　김병운·김정록저 /35,000원
❷ 영한대역 태권도교범(1)　　　김정록저 /7,000원
❸ 영한대역 태권도교범(2)　　　김정록저 /7,000원
❹ 영한대영 태권도교범(3)　　　김정록저 /7,000원
❺ 영한 태권도교본　　　　　　김정록저 /20,000원
❻ 태권도심판론　　　　　　　한상진저 /8,000원
❼ 전통 무술택견　　　　　　　송덕기저 /5,000원
❽ 실전 씨름교본　　　　　　　김정록편저 /6,000원
❾ 스포츠용어사전　　　　　　 강태정편저 /9,500원
❿ 줄넘기백과　　　　　　　　 한국줄넘기협회 /12,000원
⓫ 비전합기도　　　　　　　　김상덕저 /5,000원
⓬ 합기도과학　　　　　　　　강태정저 /7,000원
⓭ 공수도백과　　　　　　　　강태정저 /12,000원
⓮ 실전 공수도교범　　　　　　최영의저 /4,000원
⓯ 정통 유도백과　　　　　　　이성우역 /15,000원
⓰ 종합레슬링전서　　　　　　서림편집부역 /12,000원
⓱ 회전무술교본　　　　　　　명재옥저 /4,000원
⓲ 족술도교본　　　　　　　　명재옥저 /4,000원
⓳ 이소룡의 쌍절곤백과　　　　이소룡저 /8,000원
⓴ 쌍절곤교범　　　　　　　　이봉기·김조웅저 /4,000원
㉑ 절권도(상)　　　　　　　　이소룡저 /8,000원
㉒ 절권도(하)　　　　　　　　이소룡저 /8,000원
㉓ 이소룡과 영춘권법　　　　　이영복역편 /3,000원
㉔ 당랑적요격투기(Ⅰ)　　　　　이봉철저 /4,000원
㉕ 당랑권법(흑흑출동권)　　　　박종관저 /3,000원
㉖ 격투발차기　　　　　　　　조희근저 /4,000원
㉗ 양가태극권교본　　　　　　박종관저 /6,000원
㉘ 진가태극권　　　　　　　　조은훈감수 /3,000원
㉙ 우슈태극권교본　　　　　　박종관편저 /5,000원
㉚ 우슈남권교본　　　　　　　박종관편저 /5,000원
㉛ 우슈장권교본　　　　　　　박종관편저 /5,000원
㉜ 최신 검도기법　　　　　　　편집부역 /4,500원
㉝ 검술교본　　　　　　　　　김상덕저 /4,000원
㉞ 도술교본　　　　　　　　　김상덕저 /4,000원
㉟ 곤술교본　　　　　　　　　김상덕저 /4,000원
㊱ 창술교본　　　　　　　　　김상덕저 /3,000원
㊲ 당랑권법 쌍풍권　　　　　　소신당저 /4,500원
㊳ 당랑권법 매화권　　　　　　소신당저 /5,000원
㊴ 당랑권법 금강권　　　　　　소신당저 /4,500원
㊵ 내공팔극권(북파소림권)　　　무림편집부역 /5,000원
㊶ 쿵후교범(상)　　　　　　　조은훈저 /7,000원
㊷ 쿵후교범(하)　　　　　　　조은훈저 /7,000원
㊸ 사학비권　　　　　　　　　조은훈저 /6,000원
㊹ 이소룡의 생애와 무술과 사랑　정화편저 /6,000원

서림 내공 · 건강 시리즈

❶ 내공 · 양생술전서　　　　　석원태저 /8,000원
❷ 기공법과 차력술　　　　　　박종관저 /8,000원
❸ 선도내공술　　　　　　　　경기공추광단 /4,500원
❹ 소림내공술(Ⅰ)　　　　　　　경기공추광단 /5,000원
❺ 중국의료기공　　　　　　　박종관저 /6,000원
❻ 금선증론　　　　　　　　　유화양 /8,000원
❼ 혜명경　　　　　　　　　　유화양 /8,000원
❽ 천선정리　　　　　　　　　오수양저 /8,000원
❾ 선불합종　　　　　　　　　오수양저 /7,000원
❿ 포박자(내편 1)　　　　　　갈홍저 /8,000원
⓫ 포박자(내편 2)　　　　　　갈홍저 /8,000원
⓬ 포박자(외편 1)　　　　　　갈홍저 /8,000원
⓭ 포박자(외편 2)　　　　　　갈홍저 /8,000원
⓮ 포박자(외편 3)　　　　　　갈홍저 /8,000원
⓯ 현묘지도　　　　　　　　　문경섭저 /8,000원
⓰ 발경의 과학　　　　　　　　강태정역 /8,000원
⓱ 선단식(仙斷食)조기법　　　　박종관저 /6,000원
⓲ 실용 단식건강법　　　　　　박종관저 /4,000원
⓳ 36시간 단식법　　　　　　　편집부편 /3,000원
⓴ 7일완성 단식법　　　　　　김주호역 /2,500원
㉑ 체질탐구　　　　　　　　　최병일저 /5,000원
㉒ 태국 안마요법　　　　　　　박종관저 /4,000원
㉓ 실용 지압치료법　　　　　　박종관저 /4,500원
㉔ 지압건강법　　　　　　　　서림편집부 /4,000원
㉕ 지압과 뜸　　　　　　　　　서림편집부 /4,000원
㉖ 발지압 맛사지 치료법　　　　강태정역 /3,000원
㉗ 자기지압 · 맛사지 · 경혈체조　김주호역 /2,500원
㉘ 자가진단법　　　　　　　　김영호저 /6,000원
㉙ 백만인의 요가　　　　　　　김주호역 /4,000원
㉚ 기공치료와 호흡건강법　　　김주호역 /3,000원
㉛ 단전호흡 건강법　　　　　　김주호역 /4,000원
㉜ 약이 되는 자연식　　　　　　이태우저 /4,000원
㉝ 새시대의 건강전략　　　　　이상택저 /6,000원
㉞ 성인병 정복의 길　　　　　　이상택저 /4,500원

서림문화사

서울시 종로6가 213-1 (영안빌딩 405호) 전화 (02) 763-1445, 742-7070 팩스 (02) 745-4802

바둑전문도서

서림바둑 시리즈

- ❶ 당신도 바둑을 둘 수 있다 — 유병호 감수 /4,000원
- ❷ 알기 쉬운 초급바둑 — 유병호 감수 /4,000원
- ❸ 이것이 포석이다 — 유병호 감수 /4,000원
- ❹ 1급으로 가는 포석전략 — 유병호 감수 /4,000원
- ❺ 실력향상 테스트 — 가토 마사오 저 /4,000원
- ❻ 이것이 정석이다 — 유병호 감수 /4,000원
- ❼ 바둑정석의 모든 것 — 유병호 감수 /4,000원
- ❽ 중반의 전략과 전투 — 유병호 감수 /4,000원
- ❾ 속임수 격파작전 — 유병호 감수 /4,000원
- ❿ 접바둑 비결 — 유병호 감수 /4,000원
- ⓫ 최신 바둑 첫걸음 — 편집부 역 /4,000원
- ⓬ 포석의 한수 — 편집부 역 /4,000원
- ⓭ 중반전의 필승전략 (상) — 편집부 역 /4,000원
- ⓮ 중반전의 필승전략 (하) — 편집부 역 /4,000원
- ⓯ 상급바둑의 길잡이 — 편집부 역 /4,000원
- ⓰ 암수를 피하는 길 — 가토마사오 저 /4,000원
- ⓱ 사활의 기초입문 — 임해봉 저 /4,000원
- ⓲ 끝내기 기법 — 구토노리오 저 /4,000원
- ⓳ 1급으로 가는 정석 — 이시다 요시오 저 /4,000원
- ⓴ 1급으로 가는 포석 — 다케미야 마사키 저 /4,000원
- ㉑ 1급으로 가는 맥점 — 가토 마사오 저 /4,000원
- ㉒ 1급으로 가는 실력 테스트 — 편집부 편 /4,000원
- ㉓ 3급으로 가는 정석 — 다케미야 마사키 저 /4,000원
- ㉔ 3급으로 가는 포석 — 가토 마사오 저 /4,000원
- ㉕ 3급으로 가는 맥점 — 이시다 요시오 저 /4,000원
- ㉖ 3급으로 가는 실력 테스트 — 편집부 편 /4,000원
- ㉗ 5급으로 가는 정석 — 이시다 요시오 저 /4,000원
- ㉘ 5급으로 가는 포석 — 다케미야 마사키 저 /4,000원
- ㉙ 5급으로 가는 맥점 — 가토 마사오 저 /4,000원
- ㉚ 5급으로 가는 실력 테스트 — 편집부 편 /4,000원
- ㉛ 9급으로 가는 정석 — 이시다 요시오 저 /4,000원
- ㉜ 9급으로 가는 포석 — 가토 마사오 저 /4,000원
- ㉝ 9급으로 가는 맥점 — 다케미야 마사키 저 /4,000원
- ㉞ 9급으로 가는 실력 테스트 — 편집부 편 /4,000원
- ㉟ 7급으로 가는 정석 — 다케미야 마사키 저 /4,000원
- ㊱ 7급으로 가는 포석 — 이시다 요시오 저 /4,000원
- ㊲ 7급으로 가는 맥점 — 가토 마사오 저 /4,000원
- ㊳ 7급으로 가는 실력 테스트 — 편집부 편 /4,000원
- ㊴ 승단으로 가는 정석 — 임해봉 저 /4,000원
- ㊵ 승단으로 가는 포석 — 오다케 시데오 저 /4,000원
- ㊶ 승단으로 가는 맥점 — 이시다 요시오 저 /4,000원
- ㊷ 승단으로 가는 실력 테스트 — 편집부 편 /4,000원

서림바둑 소사전 시리즈

- ❶ 화점정석 소사전 — 일본기원 저 /4,000원
- ❷ 포석 소사전 — 일본기원 저 /4,000원
- ❸ 정석이후 소사전 — 일본기원 저 /4,000원
- ❹ 함정수대책 소사전 — 일본기원 저 /4,000원
- ❺ 소목·고목·외목 소사전 — 일본기원 저 /4,000원
- ❻ 맥점 소사전 — 일본기원 저 /4,000원
- ❼ 사활 소사전 — 일본기원 저 /4,000원
- ❽ 접바둑 소사전 — 일본기원 저 /4,000원
- ❾ 끝내기 소사전 — 일본기원 저 /4,000원

서림 어린이 바둑 시리즈

- ❶ 바둑 첫걸음 — 일본기원 저 /3,500원
- ❷ 집짓기와 정석 — 일본기원 저 /3,500원
- ❸ 사활과 싸움 — 일본기원 저 /3,500원

서림 바둑사전 시리즈

- ❶ 현대 정석 총해 — 임해봉 저 /9,500원
- ❷ 현대 포석 총해 — 이시다 요시오 저 /9,500원
- ❸ 현대 맥점 총해 — 가토 마사오 저 /9,500원
- ❹ 접바둑 총해 I — 이시다 요시오 저 /11,000원
- ❺ 접바둑 총해 II — 이시다 요시오 저 /11,000원
- ❻ 관자보 — 박재삼 편역 /9,500원
- ❼ 현현기경 — 박재삼 편역 /9,500원
- ❽ 기경중묘 — 박재삼 편역 /9,500원

오늘의 바둑신서

- ❶ 조훈현 추억의 승부 — 조훈현 편저 /5,000원
- ❷ 조훈현 집념의 승전보 — 조훈현 편저 /5,000원
- ❸ 조훈현 대 서봉수 — 박재삼 편 /4,500원
- ❹ 한국 정상의 대결 1 — 박재삼 편 /4,500원
- ❺ 한국 정상의 대결 2 — 박재삼 편 /4,500원
- ❻ 한국 정상의 대결 3 — 박재삼 편 /4,500원

서림문화사

서울시 종로6가 213-1 (영안빌딩 405호) 전화(02)763-1445, 742-7070 팩스(02)745-4802

감수자／명재옥

1938. 12. 31.　전남 강진에서 출생
1965. 4.　　 공수도 5단
1965. 9. 15.　합기도 제1 연무관 개설
1968. 11. 9.　합기도 심사위원장
1974. 5.　　 합기도 관장회의장
1981. 3. 9.　합기도 이사 겸 부회장
1984. 1.　　 합기도 10단 승단
1986. 1. 1.　족술도 창시(道主)
1986. 1. 1.　회전무술(도) 창시(道主)
1986. 5. 5.　회전무술 족술도 무재(武宰) 취임
1986. 6. 9.　족술도 교본 저작
1987. 3. 15.　세계 회전무술회 총본부장 취임
1987. 4.　　 회전무술 교본 저작
1988. 5. 5.　회전 검술도 창시
1988. 5. 5.　회전 검술도 교본 저작
1988. 5. 5.　회전 봉술도 창시
1988. 5. 5.　회전 봉술도 교본 저작
1994. 5. 5.　경호무도 창시
1995. 5. 5.　세계 경호무도연맹 총재 취임

베스트 空手道全書 6　　값 9,000원

1판2쇄 2019년 1월 30일 인쇄
1판2쇄 2019년 2월 05일 발행

저　　자／中山正敏(나카야마 마사도시)
독　　자／姜 泰 鼎
감 수 자／明 在 玉

발 행 처／서림문화사
발 행 자／신 종 호
주　　소／경기도 파주시 광탄면 장지산로 278번길 68
홈페이지／http://www.kung-fu.co.kr
전　　화／(02)763-1445, 742-7070
팩시밀리／(02)745-4802

등　　록／제 406-3000000251001975000017 호(1975.12.1)
특허청 상호등록／ 022307호

이 책은 日本 講談社와 韓國語版 발행을 독점계약하였습니다.
ⓒ1995. 講談社(Kodansha International Ltd.), Printed in Korea
ISBN 978-89-7186-159-2 93690